剣道の極意と左足

乗る極意を支える左足

平成27年、全日本剣道演武大会で渾身の片手突きを放つ小林範士

強豪選手と呼ばれる人たちは総じて足遣いが巧みです。足が機能するから相手を自在に攻めることができ、隙に応じて技を選択することができます。

「気で乗る」「剣先で乗る」あるいは「体で乗る」という教えがありますが、ここでいう「乗る」とは攻めると言い換えられると思います。

相手を攻めるには、構えが重要であることは言うまでもありませんが、その支えとなるのが左足です。左足がぐっと入っていれば、無理無駄なく足を運ぶことができます。「左足で右足を押し出す」と教えているのはそのためです。ですから乗るためには左足が重要になるのです。

わたしは明治村剣道大会に出場するようになった55歳の頃から左足で乗ることを研究してきました。剣道は左足です。足が戦場の馬の役目を果たしています。いくらすぐれた侍でも駄馬に乗ったのでは戦になりません。まずは足腰を鍛え、剣道の土台作りをすることをおすすめいたします。その上で、左足を効果的に使った「乗って打つ」についてお話を進めていきたいと思います。

「乗る」ということは有効打突を奪う上で非常に大切なことですが、打突を生み出すには「三つの運動」を正しく行なわなければなりません。この三つの運動の合力によってはじめて打突に力が生まれ、ひいてはその力が技の冴えにつながっていきます。

では、その三つの運動とはなにかですが、一つは「水平運動」です。剣道では腰の移動を意識しなさいと言われていますが、この水平移動が身体の勢いをあますことなく打突へと伝えてくれます。左足が跳ねてしまったり、前傾姿勢での打突は力が分散してしまいます。とくに左足の使い方が重要で、右足が出たら左足も送り、常に身体の安定を保つことが大切です。

そして次は「円運動」です。円運動とは、右手と剣先の動きのことを指しています。竹刀は振り上げたところから振り下ろしまで、剣先が円を描くように動かすことが大切です。そうすることで剣先にスピードが生まれ、相手を打つことが可能となります。

そして最後は「テコ運動」です。右手は押し手、左手は引き手と言われますが、この押し手と引き手の作用をうまく使うことで打突に冴えが生まれます。これら三つの運動を一つの技に集約することで、心気力が一致した技を出すことができますが、その前提に左足で乗ることが大切になるのです。

左足に腰を乗せた状態で構え、腰を乗せて足を送る

わたしは安定した構えをとるために左手・左腰・左足という左半身のラインを意識しています。この左半身のラインが剣道の命であり、構えをはじめ、攻め、打突などの源になります。左半身のラインが崩れれば剣道も崩れます。背骨を中心に肩甲骨を後ろに寄せるイメージで構えると背筋、首筋が伸びて目線が一定になります。目線を一定にすることで相手を俯瞰することができ、落ち着いて対峙することができます。

わたしは左半身を強化するために両足を腰にあてたすり足を一人稽古で繰り返していました。能の世界では水の入った桶を頭に乗せて稽古し、滑らかな足使いを体得させるそうですが、わたしも桶を頭に乗せたことをイメージしながら腰を送るようにしていました。足の重心は真ん中、両足均等にかけ、左足に腰を乗せます。左足は指の付け根が動作のもとになるので、ここを遊ばせないように注意し、足を送るようにします。

足さばきの稽古は、わたしの剣道の土台であり、壁にぶつかったときにはとくに修練を重ねました。足さばきは左足と腰の連携を意識し、最初はゆっくりと行ない、身体が温まってきたら徐々にスピードを上げていきました。

左足に腰を乗せた状態で構える

左半身の強化するためにすり足の一人稽古が効果的

左足のひかがみを緊張させ、左腰で攻め、左腰で乗る

蹲踞から立ち上がったとき、左腰を入れて構えます。左腰を入れることで、攻めを剣先に伝えることができ、乗って崩すことも可能になります。

乗るとは相手を攻めることであり、相手が攻めてきたときに攻め返すことが乗り返すことです。しっかりとした土台ができていれば、どちらも可能となります。

左腰を入れるには、左足のひかがみがポイントとなります。左足のつま先を相手に向け、左足のひかがみは伸ばしすぎず、緩め

左足のひかがみを緊張させ、左腰で攻め、左腰で乗る

すぎずの状態をつくります。伸ばしすぎれば円滑な動きができませんし、緩みすぎると構えが安定しません。

わたしは相手につま先をまっすぐに向け、足首を少し曲げて常に適度な緊張感をつくるようにしています。そうすることで左足の踵が上がりすぎず、常に打てる状態をつくるようにしています。この塩梅は個人差がありますので、日々の稽古で自分の理想の足構えをつくるように心がけてください。

とくに身体を動かしたときに左足が生きていなければ相手を打つことはできません。スムーズな動きが求められますが、跳ね足を戒め、左足の引きつけを鋭くして姿勢の崩れをなるべく少なくすることが大切です。

相手につま先をまっすぐに向ける

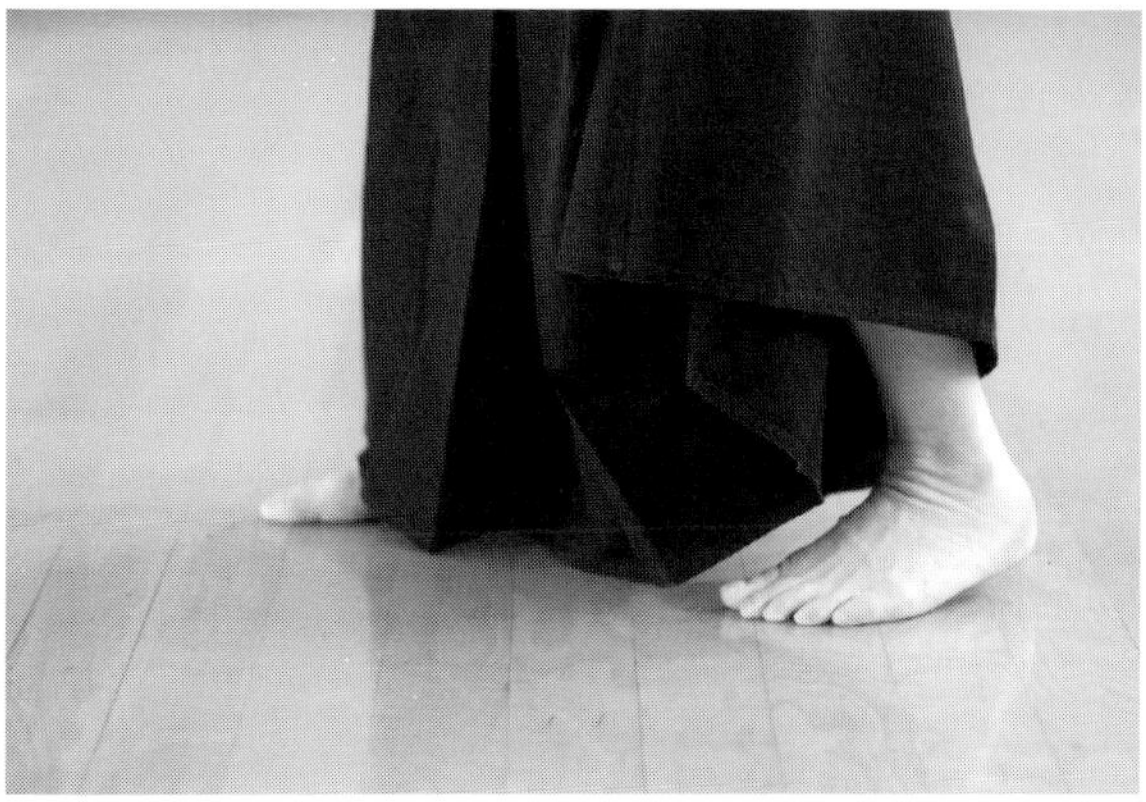
つま先が横を向くと構えに威力がなくなる

膝の運用が重要。左足で乗り、相手に圧力をかける

「左膝で相手を攻めよ」という教えがあります。相手を攻めるときには右足だけでなく、左足がともなうことで初めて相手に圧迫感を与え、有効打突につなげることができます。

相手に圧力をかけるには左足の指、左膝を相手に正対させることです。左膝が横に開くと円滑な動作ができません。足の指、左膝を相手と正対させて間合を詰めます。「隙があれば打つ」という気持ちで間合を詰めていくことで、相手に圧力をかけます。そのためにも気持ちを充実させておくことが重要となりますが、宮本武蔵の教えである「陰陽の足」を遵守する必要があります。

「陰陽の足」の教えは、たとえば左足を固定したまま右足だけで攻めるような足の使い方を厳に戒めています。右足を出したら必ず左足を同じだけ送り、常に身体の安定を保つことが、乗っていく土台となります。

常に左足を充実させ、相手を攻め崩して打突につなげる

左足が安定しているからこそ充実した技を出すことができます。また打突前、相手の竹刀を払う、捲くなどの動作も左足が安定していないと機能的に行なうことができません。常に左足を充実させ、相手を攻めて崩し、打突につなげるように意識してください。それが乗って打つことにつながります。

右足を出したら左足を同じだけ送り、常に身体の安定を保持する

相手の起こりを打つ。左足を充実させ、乗って崩してとらえる

わたしは打突の際、「捨て身・踏み込み・冴え」というキーワードを常に意識し、指導の際もこれらの言葉を使うようにしています。剣道の勝負は一瞬です。有効打突を決めるには捨て身で技を出さなければなりませんが、捨て身の技を出す基盤が左足です。

昇段審査ではとくに捨て身の技が必要です。無理無駄のない動きで相手の隙をとらえた技が、審査員の心に響きます。このような技は足の踏み込みが強く、技に冴えや勢いがあります。出ばな技は、相手の起こりをとらえるものですが、相手が動くのを待っていたのでは成功させることはできません。動作は相手よりあとになりますが、相手を攻めて圧力をかけ、打たざるを得ない状況をつくっておく必要があります。それが乗って崩すことであり、乗って打つことになると考えています。

出ばな技は一瞬遅れれば乗られてしまいますが、動作の隙はどんな名人でも必ずあります。日々の稽古では相打ちの勝ちをめざし、左足を充実させ、乗って崩して打つことを繰り返すことが大切です。それが実力を伸ばすことであり、目標に近づくことになるはずです。

出ばな小手

出ばな面

左足のさばきで間合を制す

間合がわかれば剣道がわかるといわれているように、剣道ではいかにして自分の打ち間をつくるかが重要になります。その打ち間に入る、入らせる過程で必要となるのが体の運用であり、足のさばきです。

相手の特徴や状況に応じてそれらを用いて自分に有利な間合をつくったり、相手の構えを崩したりして有効打突に結びつけていくわけですが、これまでとくに注意していたのが、打突前の体の効果的な運用法でした。

足構えをつくる

目線を一定にして腰から水平移動する 安定した足構えが臨機応変な体さばきになり、相手を崩す

打ち間をつくる鍵は左足にあり 左半身を意識すると構えが安定した

体さばきによって自分に有利な打ち間をつくるわけですが、技量が上がるにしたがい目には見えない気持ちの面が大きく左右してきます。微妙な気持ちのやりとりで崩れたり崩されたりするわけですが、まずは相手の構えや姿勢を崩すことが大切だと考えています。自分の姿勢が崩れると相手の動きを正確に判断できなくなってつけ込まれますし、冴えた打突を打つこともできなくなります。安定した姿勢や構えを保ちながら相手の動きに臨機応変に対応することが、自分にとって優位な間合に立てることにもつながり、相手の動きもよくわかるようになって打突の機会を逃さず打てるのです。

私は構えるときは左手、左腰、左足という左半身のラインを大切にしています。このラインを意識して構えると、背筋がしゃきっとし、首筋が伸びて目線が一定になります。それにより自然で無駄な力の入らないスッと整った安定感ある構えになります。しかし構えた時点で左足が外側に向いてしまったり、しっくりこない場合はそのような構えになりません。左手も収まらず、相手の攻めに動じてしまい、剣先が中心線から外れて、攻め込まれてしまいます。足構えが崩れることは、構え全体の崩れにもつながるのです。

これらのことから相手との攻防で、いかに姿勢を崩さずにいられるかの鍵は、とくに左足の円滑な運用にあると考えています。右足を動かしたらすぐさま左足を動かす。それができないと構えのバランスが崩れてしまい、当然、打ち間もつくることができません。体の移動時に構えは崩れやすくなるものですが、引きつけを素早く、正しい重心移動を心がければ、相手に攻め込まれる危

左手を腰に当てたすり足でスムーズな足さばきをつくる。腰に当てた左手の感触で、左足と腰の関係がうまくいっているかを確かめる

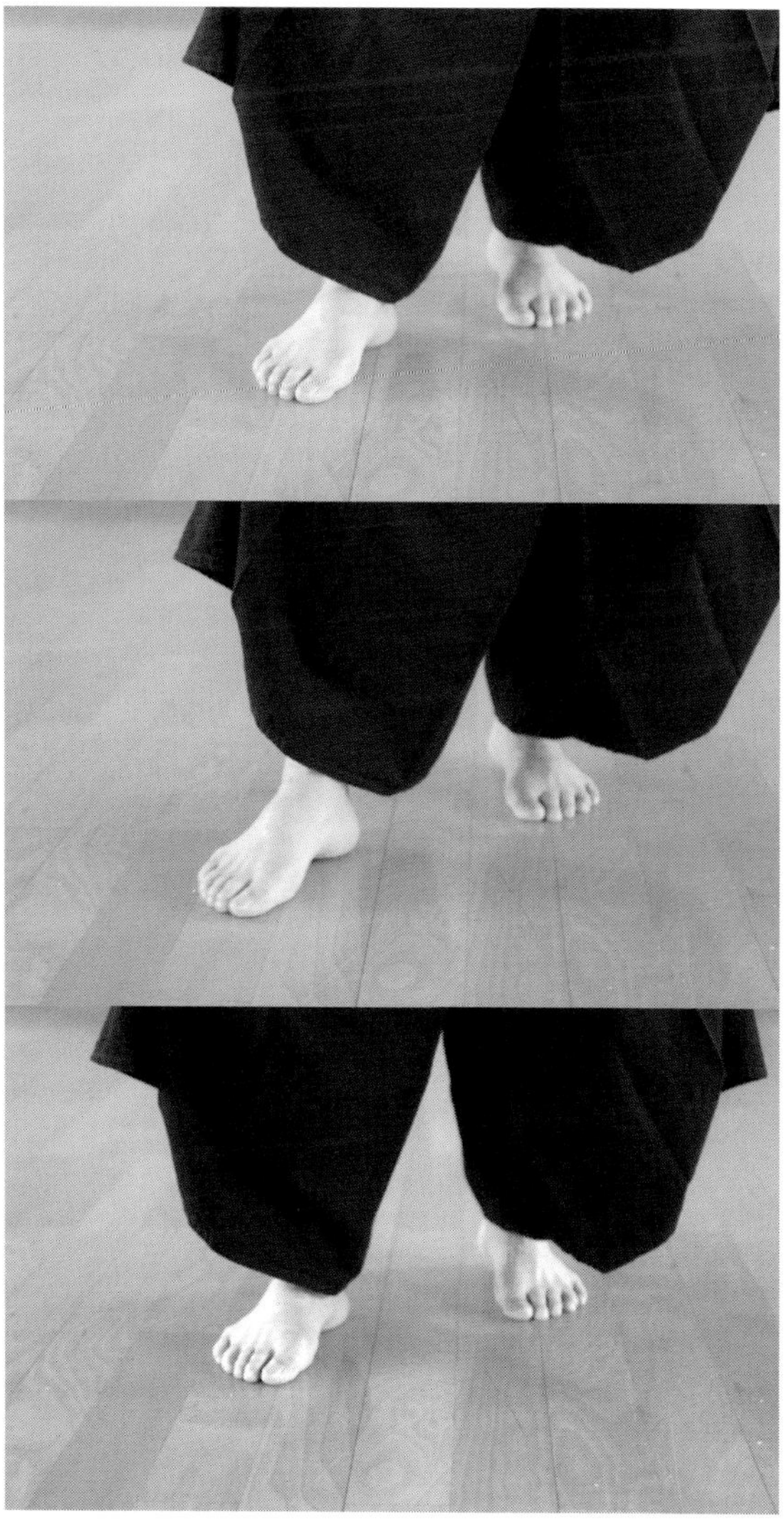

右足は全体的に紙一枚入る気分で浮かせ、床をさするように動かす。左足は付け根部分で素早く動かす

険性が低くなります。

頭に水の入った桶を乗せたイメージ
左足5指のつけ根は常に緊張させる

私は、左足の生きた足さばきを身につけるために、左手を腰に当てたすり足の稽古を機会をみつけてはよくやりました。左手の感触で左足と腰の連携がうまくいっているかが確かめられます。能では水の入った桶を頭に乗せて稽古して滑らかな足遣いを身につけたといいますが、私もそれをイメージしながら腰から送るようにして行ないました。

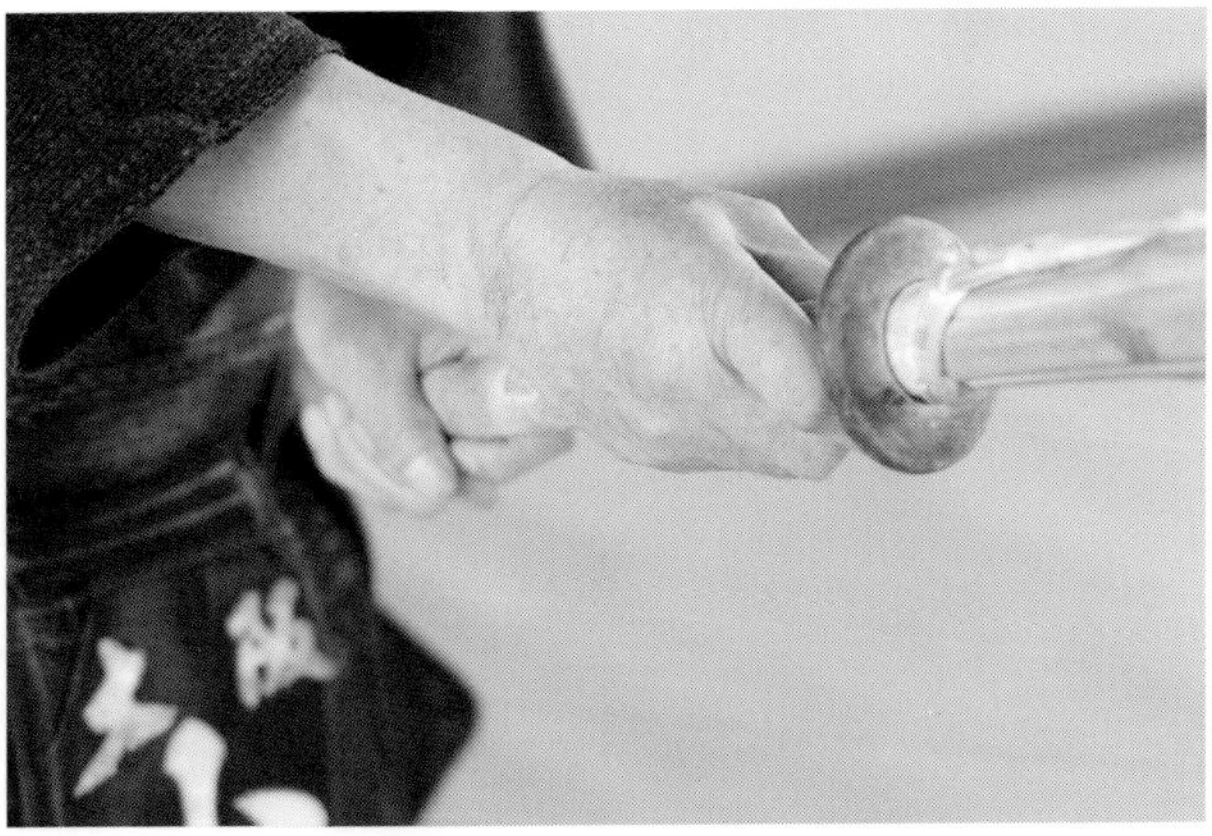
右手の力を抜くことで体さばきがスムーズになる

重心は真ん中、両足均等にかけて偏りがないようにします。右足は全体的に紙一枚入る気分で踏み、床をさするように動かします。左足は各指全体のつけ根が動作のもとになってくるので、私はここを遊ばせないように注意し、右足の動いた分だけ素早く動かします。この素早く動かすことにより相手に悟られず、打ち間に入ることができます。さばく動作が大きいと相手に悟られやすくなります。極端にいえば一寸でもいいから常に動くことです。小さな動きで大きな仕事（一本を取る）することが理想です。

宮本武蔵も『五輪書』の中に「陰陽の足遣い」として、右足を遣ったら次は左足を遣いなさいと書いていますが、要するに居つかない、元の構えを維持するためにもバランスよく足を遣いなさいと教えています。

そして機会を逃さず打つために、左足のひかがみは突っ張らず、曲がらず、ためをつくっておき、いつでも踏み切れる状態にしています。そうすると左足に腰が乗った状態となり、打ったときに勢いが生まれるからです。

生卵を握る感覚で右手の力を抜く体さばきがスムーズになった

このような足さばきを意識しながら、剣先の操作で気をつけていることは、常に相手の正中線につけておくことです。正中線から外れると、相手に先を取られてしまうからです。正中線につけることを維持しておけば攻めにも威力が増していき、相手の構えを崩すことにもつながります。

また、もう一つ心がけていることは右手の力を抜くことです。右手に力が入りすぎると全体の動きにブレーキをかけることにもなります。打突しても一本にきめることはできません。私は生卵をそっと持つ意識で右手を添えるようにして握り、左手は小指、薬指、中指の三本で握ります。左半身で体勢を整えるようにすると、肩の力が自然に抜けていくはずです。打つとき以外はそれを維持することで、身体の動きもスムーズにできるからです。

こうした土台づくりをやったことはいまの私の剣道に、大いに生きています。

左足に左腰を乗せてさばく

重心は真ん中、両足均等にかけて偏りがないようにする。左足に左腰を乗せることで安定した構えとなる。この構えを保ちながら相手の動きに臨機応変に対応することで、自分にとって優位な間合に立てる

中心を制して面

左足を右足に引きつけてためをつくる 気で乗り、腰で乗り、相手の崩れを察知して動作の隙を打つ

私の面打ちは、基本的には先をかけて相手の中心を制して打つパターンです。攻め方は相手の剣先をことさら押さえたり、払ったり、はじいたりせず、竹刀の表鎬で軽く触れながら小さく送り足で攻めます。押さえすぎると動きが大きくなるし、剣先を外されたりして自ら隙をつくることにもなります。

剣先を相手中心から外さず攻めつづけ、相手に少しでも崩れが生じたと思ったら、気で乗り、腰で乗るようにして先を取ります。

このとき、相手に悟られないように左足を右足近くに引きつけて

「ため」をつくっておいて、いつでも打てる体勢を整えておきます。次に相手がどういう反応をするかを見極めてから出ばなを打つか、居ついたところを乗って打つの二通りを使いわけています。

右足で方向を定めたら、左足は床すれすれに行くように蹴ります。そうすると跳ね足にならないからです。蹴ると同時に振りかぶります。足が先でも手が先でもいけません。一緒が理想です。そして私は「てこの要領」で打つように心がけています。これが手の内による技の冴えを生みだし、円滑な体さばきの助けにもなっています。

打突部位を捉えた瞬間、左足を引きつけると同時に背筋をピッと伸ばすことで腰が入ります。さらに打ったあとは手の内を素早くゆるめて、元の手の内の状態に戻します。力を入れたままだと、次への対応が遅れてしまうからです。相手から目を離さず、そのまま相手の右側をすり足で抜けていきます。抜けたところで左足を軸にしてふたたび相手に正対して残心を示します。この残心をとるまでが体さばきだと私は考えています。

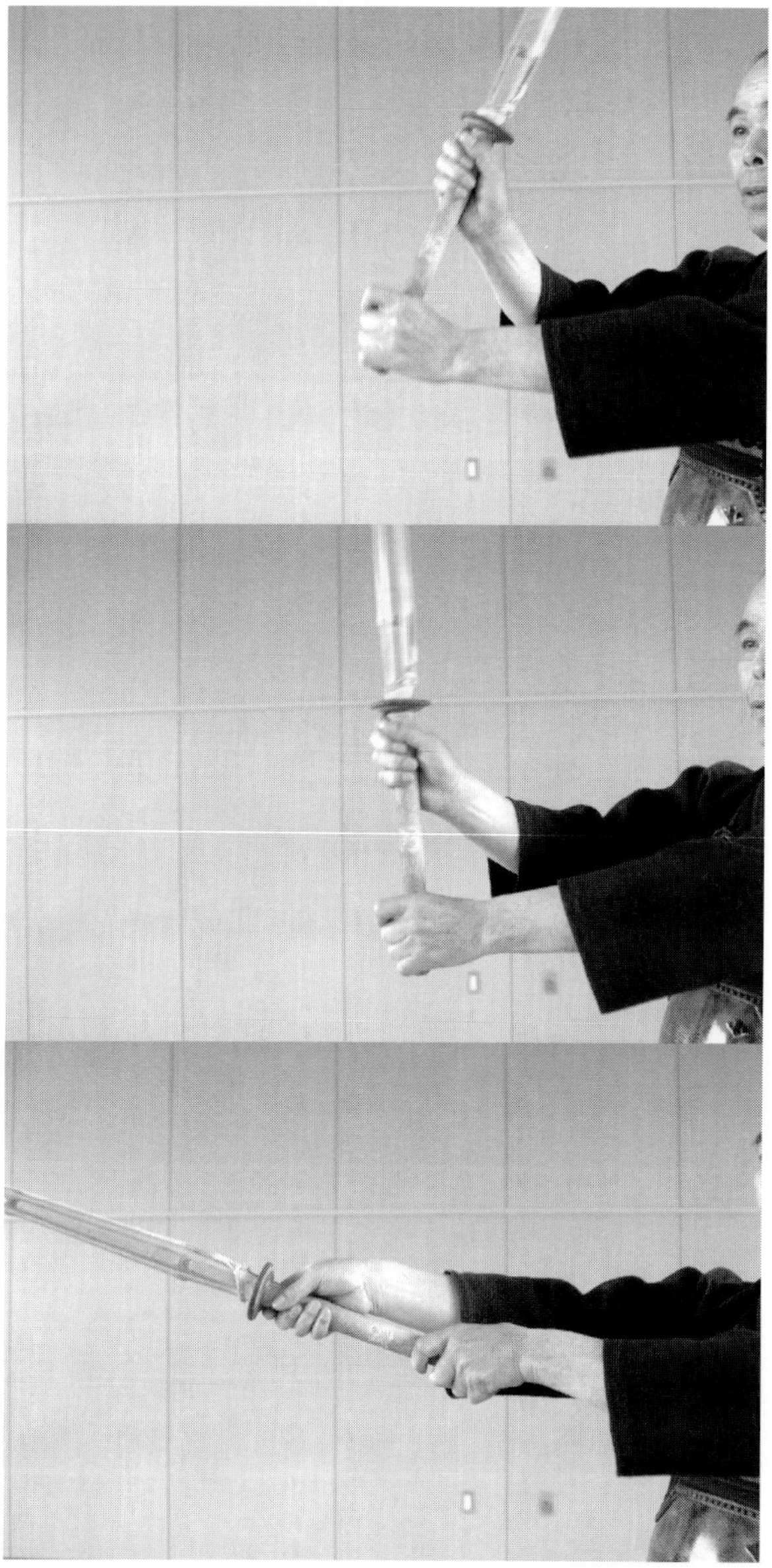

「てこの要領」で打つと、冴えが出るし、円滑な体さばきの助けにもなる

中心を制して面

先を取り、相手が居ついたところを乗って面を打つ。打突部位を捉えた瞬間、左足を引きつけると同時に背筋をピッと伸ばすことで腰が入る。しっかり残心をとるところまでが体さばきである

打ち気を悟らせず小手

剣先の軌道は小さく、体さばきは大胆に
驚を誘発し、相手竹刀と平行に鋭く俊敏に切り込む

表が強いか裏が強いかは、剣先で触れているときおおよそ見当がつきます。たとえば表が強く、こちらの攻めに対してなかなか崩れない相手には、表から先をかけて攻めて相手が抑え返してくるところに、自分の剣先が相手剣先の上を越えるようにして裏へ回し、中結付近からすり込ませるようにして小手を打ちます。

このとき気をつけているのは、小さい軌道で越えていくことで

す。こちらの小手打ちの意図を相手に悟られないようにするためです。相手が小手を打ってきたと気づいたときには、すでに手遅れになっているのが理想です。

大きく振りかぶって打つと、隙を見せることにもなりますし、相手に感づかれて出ばなを狙われやすくなります。しかし、振り幅を小さくすることを意識しすぎると手打ちになって、すり上げられたり抜かれたりする可能性が高くなるので、その加減はもっとも難しいところです。私は右足の踏み出しは、相手の右足を踏む気持ちで思い切りよく踏み込み、左足をその距離だけ素早く引きつけ、手の内で打つことを心がけています。

剣先の動きを小さくして相手に悟られないようにしますが、動きは大胆にズバッと小手に切り込んで行くことで相手を驚かせて、きめるのです。

また、裏の強い人には、緩急強弱のある攻めで表から剣先を開かせて面や突きにいったりもします。

打ち気を悟らせず小手

自分の剣先が相手剣先の上を越えるようにして裏へ回し、中結付近からすり込ませるようにして小手を打つ

居つきを逃さず片手突き

突いた瞬間、右手を素早く引いて威力をつける
居つきと剣先の開きを逃さず、腰から始動する

どんな技でもそうですが、細心の注意を払って出さなければいけません。とくに突きの場合は、打突部位が小さいだけに相手をよく観察してきめやすいタイプ、きめにくいタイプを判断しなければなりません。

私の経験から小手をカバーするため、剣先を開いて喉の部分が開く人、剣先の低い人などには有効で、中心を利かせている人、サッと間合を切る人にはきまりにくいと思います。

また、突きに対しては前に出よという教えがあります。「突くなら突いてみよ」と勇気をもって前に出ることで、たいがい剣先は外れます。このように相手が前に出てきたときは、突きはきまりにくいですから、相手が居つく、相手の剣先が中心から外れたところに突くようにしています。さばきを使って先を取っておき、相手がそのような状態に陥った瞬間を逃さないようにしておかなければ、きめることはできません。

私が実戦や稽古でよくつかうのが片手突きです。突くときは腰からいくように心がけています。そうすると、自然に左手がきまり、冴えが出て正確にきめられるからです。しかし左足が外側に向いていると、腰が残ってしまい勢いや正確性に欠けてしまい、逆にさばかれて打たれる確率が高くなります。

突くとき下からいくと、たとえ部位にあたっても安定性に欠けて失敗しやすくなります。剣先が部位に対して垂直にあたるような意識でまっすぐ突けば、外れにくくなります。

まっすぐ突くために、左手の小指、薬指、中指の三本を意識しながら手首を支点にして引き上げる感じで突きます。このとき親指と人差し指は添えておくようにすると、剣先に勢いが出てきます。しかし、その二本の指を強く握ると剣先の勢いを止めてしまいます。諸手突きも同じ要領です。

また、片手突きでは、きめるために右手の使いかたも重要な要素です。きめたとき、右手は必ず右腰にもっていくようにしています。左手で突くと同時に右手を素早く引くことによって左腰が入って剣先が走りますし、体勢も整えられるからです。

スランプ克服に足さばきの稽古
足腰の運用を確認すると打突に冴えが戻った

剣道は間合の奪い合いです。いかにして自分にとって優位な間合を保つかは足さばきの良し悪しによってきまります。勝負強い

人は、素晴らしい足さばきを備えているものです。

私は普段の稽古では、体をさばいたとき、相手と常に正しい姿勢で正対することを心がけています。姿勢が崩れていては機会を逃してしまうからです。その正しい姿勢を維持する土台が足腰です。素振り、切り返し、打ち込み、掛かり稽古など基本を徹底して行なうことで鍛えられます。足腰がしっかりしていれば剣道そのものが大きく狂うこともありません。

私は壁にぶつかったり、癖を直すときなどは足腰の使いかたをチェックしました。そうすると足腰で剣道をやっていないことに気づかされ、一から足さばきの稽古をしたものです。動きがよく

居つきを逃さず片手突き

腰からいくようにして右手は添える感じで、左手を中心にして突く。きめをつくるには、突いたあと、右手を素早く引いて腰にもっていくことが大切である

なって先を取れるようになり、打ちにも冴えが出てきました。しかし、また壁にぶつかる。ふたたび足さばきの稽古を一からやり直す。いまだにそのくり返しですが、少しずつ足腰ができてくると、体のさばきが楽になったように感じています。

しかし、まだまだ私は剣道の基本である足腰の使いかたは、ほんとうに身についていません。持田盛二先生は基本を身につけるのに五十年かかったといわれておりますが、これからも素直な気持ちを忘れることなく修行に励み、自然にできる足さばきを身につけたいと思います。

理にかなった足さばきが自然にできるようになれば、体格差や年齢差などがあっても対等以上に戦うことができます。ここが剣道の奥深さを感じさせてくれる面でもあります。ですから私は、足は剣道の生命線だと考えております。足さばきをしっかり身につけておけば、生涯剣道にも必ずやつながっていきます。

剣道の極意と左足

緩急の攻めで中心を取って打つ

相手から一本奪うためには攻めが必要です。ただやみくもに前に出て攻めればいいというものではなく、同じパターン、同じ速さでいくと相手は崩れず、逆に読まれて付け込まれます。攻めには相手に動作の隙、心の隙を誘発させるものがなければいけません。相手にこちらの攻めを伝えるには強い気持ちが大切ですが、強気、強気だけでは相手は守りを固め、中心を取ることがむずかしくなります。そこでわたしは足を使った緩急ある攻めを心がけることにより、中心を取って相手に動作の隙、心の隙を生じさせることができるようになり、打てる機会も多くなりました。

足さばきで緩急強弱をつける

強ければ弱く、弱ければ強く 相手と正反対の動きで気を挫《くじ》く

自分が優位に立つには、まず攻め勝って中心を取らなければいけません。攻めるとき自分の姿勢が崩れると、逆に相手に攻め込む機会を与えることにもなります。常に安定した姿勢や構えを保ちながら相手の動きに臨機応変に対応することが、自分にとって優位な間合をつくることにもつながり、相手の動きをよくわかるようになって打突の機会を逃さず打てるようになります。移動時に姿勢が崩れやすくなりますから、動いたら足の引きつけを素早くして重心移動を行なうことで、相手に攻め込まれる危険性は低くなると思います。

緩急強弱を意識した足さばき

滑らかな足さばきで姿勢を維持しながら緩急強弱をつくり、強く出たり（写真上）、ゆっくりとさばいたりして中心を取る（写真下）

そのような足さばきを意識しながら、攻めを強くしたり、弱めたりというアクセントをつけながら中心を取るようにしています。たとえば相手の攻めが強ければ弱く、弱ければ強く、動きがゆっくりとしていれば速く、速ければゆっくりという具合に相手と正反対の動きをすることによって気を挫くこともできると考えています。

このときに、右手の力を抜くことも意識しています。右手に力が入りすぎると、全体の動きにブレーキをかけることになります。生卵を握る感覚だと、全体の力がほどよく抜けて、剣先も体の動きも滑らかになります。

左目への攻めと払いで崩す

素早い間詰めが成否の鍵
大胆に入らないと崩せない

前項の攻め方で中心を取っても、相手の構えがなかなか崩れない場合には、さらにもう一工夫した次のような緩急強弱の二つの攻め方を心がけています。

一つは相手の左目を攻めることです。このときは、ゆっくりと表裏を攻めながら機をみてスッと素早く間合を詰めて相手の手元を上げさせるイメージ。間合を詰める際は中途半端な気持ちではかえって相手に乗り返されて、打たれる確率が高くなります。相手に面を打たれるかもしれないという恐れを抱かせるこ

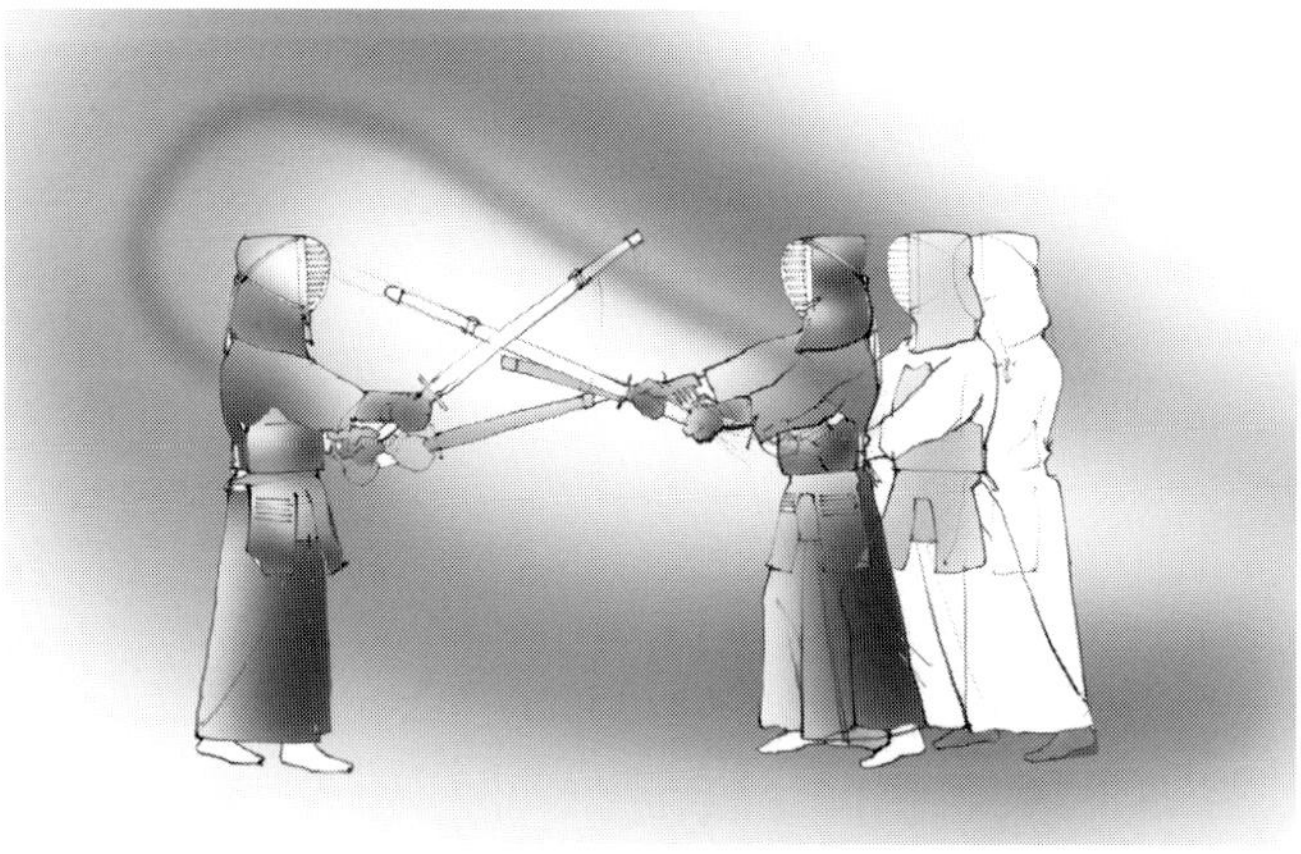

ゆっくりと表裏を攻めながら機をみてスッと素早く間合を詰め、左目を攻めて相手をハッとさせて手元を浮かせる

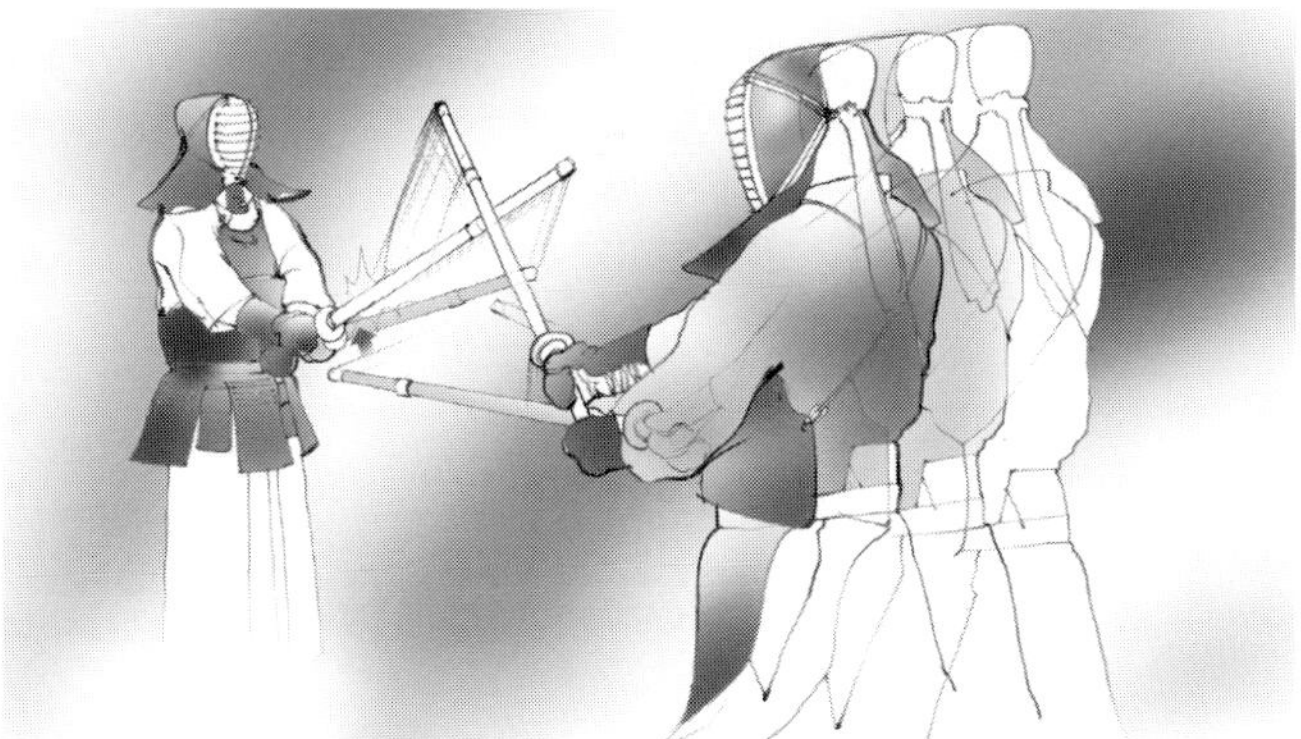

柔らかい人には鍔元を意識して裏鎬で払う。払う場合も手首の関節をやわらかく使って、素早く大胆に間合を詰めることが大事である。払う瞬間は手首のスナップを効かせて鋭く払う

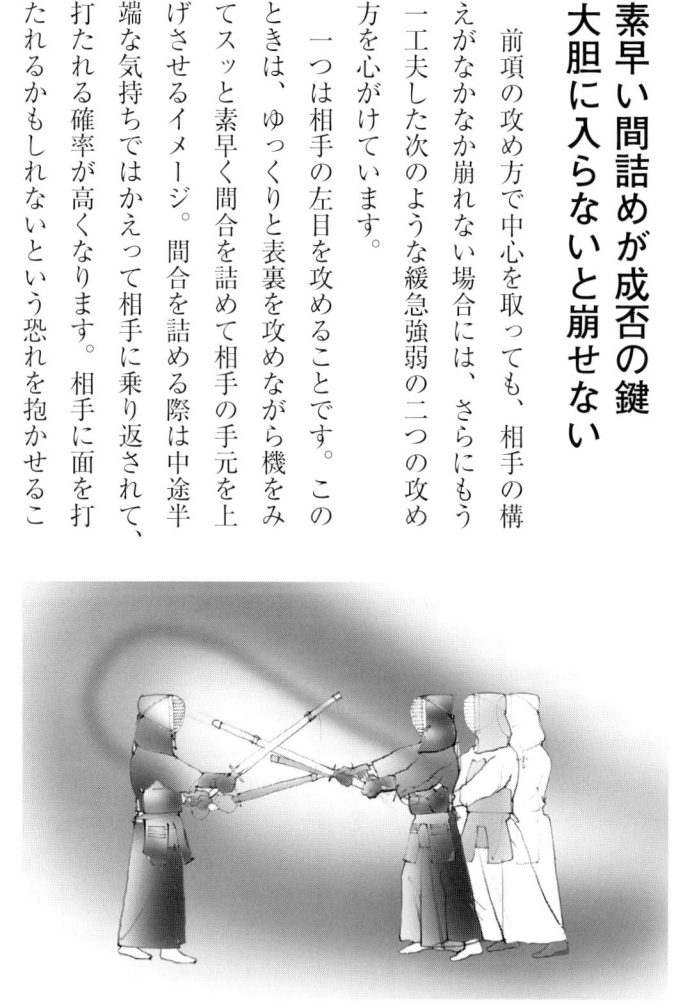

とができるかがポイントになります。それには面を打つ気持ちで体ごと攻め入ることで、右足を動かしたら、素早く左足を引きつけることにより、相手に圧迫感を与えてハッとさせることができると思います。

もう一つは払って崩すやり方です。表、裏からの払い方がありますが、わたしは裏からの払いを用います。手元の硬い人には物打ち、柔らかい人には鍔元をそれぞれ意識して裏鎬で払います。払う場合も手首の関節をやわらかく使って、素早く大胆に間合を詰めることが大事です。そして払う瞬間は手首のスナップを効かせて鋭く払います。横から払うと、相手の剣先は中心から外れるものの、自分も同じ状況になるのですぐに打てません。小さく弧を描くようにすると、二拍子ではなく一拍子で打突できます。

左目を攻め、手元を浮かせて小手

人間の反射的作用を利用 手元が浮いた瞬間を打つ

人間というのは眉間や目を攻められると反射的に頭を防いだり、避けようとして手元を上げるものです。それがこの攻めを効果的にしている点です。

この攻めを遣うときは、前項で紹介した間合の入り方に加えて、剣先の高さにも気を配っています。左目へ攻め込むとき、剣先が上がりすぎないように注意しています。上がりすぎると左目から外れてしまい、威力がなくなりますし、姿勢の安定感も保つことができないからです。

担ぐような感じで打つため、動作的には大きくなるので、しっかりと間合を詰めていかないと、相手をハッとさせることもできませんし、腰の入らない冴えのない打突になってしまいます。左腰から始動するイメージをもてば、素早い間詰めができて相手に「面を打たれる!」「危ない!」といった恐怖感を与えることができます。そうすると、打突の機会が生まれます。

相手の手元を浮かせたら、自分の剣先が相手剣先の上を越えるようにして裏へ竹刀をまわして小手を打ちます。このとき右手に無駄な力が入ると円滑な竹刀操作ができません。手首をやわらかく使うことで小さな動きで鋭く打て、冴えも生まれます。相手の手元が思ったよりも上がっていない場合は、面を打つときもあります。

ポイント

剣先を上げすぎない

左目へ攻め込むとき、剣先が上がりすぎないように注意する。上がりすぎると左目から外れてしまい、威力がなくなってしまう

手首を柔らかく使う

自分の剣先が相手剣先の上を越えるようにして裏へ竹刀をまわして小手を打つ際は、手首をやわらかく使うことで小さな動きで鋭く打て、冴えも生まれる

素早く払って小手を打つ

払いと打ちは一拍子
タイプ別に払う場所を分ける

手元が硬いか、柔らかいかは相手の剣先を軽く払うことでおおよそ見当がつきます。払ってすぐに元の構えに戻ろうとする人が硬く、払ってもあまり動じない人が柔らかいと認識しています。

そうして相手の手の内の感覚をつかんだら、今度は鋭く払って相手の構えを崩して打ち込みます。このとき、わたしは手元が硬いか、柔らかいかで払う場所を変えています。硬い場合は相手の物打ち、柔らかい場合は鍔元をそれぞれ意識して裏鎬で払うようにしています。硬い人は鍔元を払っても崩れが小さく、柔らかい人はその逆になります。払ったら相手の状況に応じて技を出しま

すが、ここでは実戦でよく遣う、手元の柔らかい人に対しての小手技を説明します。

払う前の攻めは、剣先を相手の正中線から外さないようにして表を攻め続け、相手が出てこようという気配を察知したら、スッと剣先を下から裏にまわして素早く間合を詰め、裏鎬で鍔元を鋭く払います。払うと同時に小手に打ち込むことがポイントです。

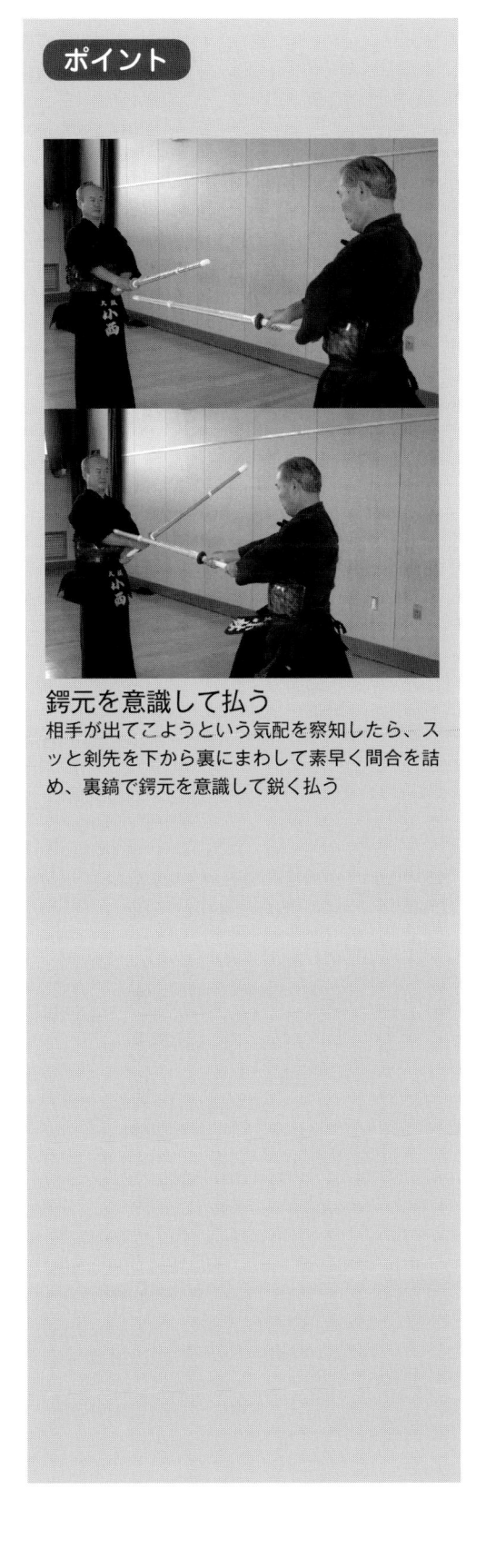

それともう一つ心がけていることは、右足を踏み出す距離ですが、払ったときに自分の打ち間になっていることです。これは日頃の稽古でつかんでおかなければなりません。距離をあやまると、手先だけになってしまい、相手に打突の機会を与えることになります。

ポイント

鍔元を意識して払う

相手が出てこようという気配を察知したら、スッと剣先を下から裏にまわして素早く間合を詰め、裏鎬で鍔元を意識して鋭く払う

相手をひるませて小手・面

一本目の小手に集中
一瞬、間を取って面を打つ

左目を攻め、手元を上げさせて小手を打ったとき、相手が大きく間合を切った際は、縁を切らず面に乗るようにしています。剣道では初太刀で決めるのが理想ですが、もし決まらなかったときにすかさず二の太刀、三の太刀という具合に、連続技を打てる体勢を維持しておくことが大事になります。

結果的には小手面ですが、パンパンとリズムで打つ小手面とはちがいます。リズムで打つ小手面は、ツボにはまれば決まりますが、相手にも読まれやすいものです。しかし、この小手面は、あくまでも小手も一本打ち、面も一本打ちという流れの技になります。ですから両方とも10の力で打ち込みます。そうしないと相手をひるませることができないからです。

たとえ小手が打突部位から外れたとしても、一本を決める強い気持ちがあれば、相手がハッとして小手をかばおうとしますから、そこを相手の竹刀をまたぐようにして表へ回して面を打ちます。

このときは素早い左足の引きつけと、小手と面の間に一瞬、動きを緩めるというか、相手の状況を観察することも意識しています。相手から目を離さないことを心がけることによって、相手と正対でき、適切な間合で面が打てるようになります。

ポイント

縁を切らない

小手を打った後、素早い左足の引きつけで相手との縁を切らず、面を打てる体勢を整える

緩急強弱を養う大強速軽の面打ち

ゆっくり大きく振りかぶる 手の内をきかせて素早く打つ

わたしは、基本打ちでは大強速軽を意識した面打ちを心がけてきました。すなわち大きく、強く、速く、巧みな面打ちのことです。この打ち方が緩急強弱をつけて打つ土台になっていると感じているからです。

稽古方法は先の気位で構え、中心を取るイメージで攻めつつ、ゆっくり大きく振りかぶり、振り下ろすときは手の内をきかせて速く行ない、左足を素早く引きつけます。打突部位をとらえる瞬間は力を入れますが、それまではあくまで全体をリラックスさせておきます。前後に力が入ってしまうと冴えが生まれません。手

の内の強弱や足のひきつけ方がわかってくると、自然に動きにも技にも緩急強弱がつけられるようになってきました。

この技を実戦にも用いることがあります。たとえば動きが敏捷な人に対してです。ゆっくり大きく振りかぶることが、相手をハッとさせて居ついたところを打てるからです。いまでも努めてこの面打ちを行なうようにしています。

ポイント

右手の円運動

打突の瞬間、手首をきかせて冴えを生むには右手に無駄な力を入れず、右拳を中心にした円運動を行なうとよい

実戦小手迫力の10技。鍔を割って小手を打つ

【四つの基礎で小手打ちを決める】

手の内
小手打ちは、小さく速く打つので手の内の冴えが大事になる。打った瞬間、竹刀と床が平行になるように手首をきかせる。親指・人差し指に力が入ると、握りすぎてスナップをきかせられないので注意する（写真右）

スピード
相手の隙をついたとしても、小手が空いている機会はほんの一瞬。すぐに手元を元に戻そうとするので、手元を上げた瞬間に、部位をとらえるスピードが必要になる

踏み込み
小手部位は近い距離にあるため、深く踏み込む必要はないが、腕のみを伸ばして、腰が引けた状態で打たないように心がける。しっかりと踏み込むことによって冴えが生まれる

バランス（残心）
打ったあと、左足が残ると体の軸がぶれ、打突が冴えなくなる。身構え、気構えができた残心をとるように心がける。左腰を残さずに一拍子で打つ

まず、面技はすべての基本である、といわれています。面をしっかり打てれば他の技も打てるようになります。しかし、面を打つためには、手元の技、つまり小手技が上達することが必須です。

小手技が上手な人は、試合上手であるといわれることが多いと思います。それは、小手技を上手に活用して攻め口を広げているからです。小手は、裏からの攻め、表からの攻めから多彩に攻めることができます。手元にあるため打ちやすいということ、剣先を多少ずらせば打ち込めることが理由として挙げられます。

手元を攻めることによって、相手は警戒し、手元をかばうようになれば、今度は面部位が空きやすくなります。常に攻めて打つことを心がければ、上下の攻めが活き、上達につながるでしょう。

起こりは小さく、打突は大胆に 四つの基礎で軽妙な小手を打つ

小手技は、面技や胴技と違い、大きく踏み込まずに打つことができます。ですから、比較的軽い印象でも一本になります。力強く打たなくても、手の内の操作で、冴えで一本にすることができます。

小手は、大強速軽のうちの「軽」、軽妙さに重点

が置かれています。その軽妙さを活かすためには、「スピード」「踏み込み」「手の内」「バランス（残心）」の四つが大きく影響していると思います。この四つの基本は小手技のみならず、剣道全般で大事なところです。

「スピード」

相手を崩したとしても、その機会は一瞬です。すぐに相手は手元を元に戻そうとしますので、ある程度のスピードが必要です。仕事で稽古がおろそかになっても、トレーニングなどで筋力、体力を維持すればスピードは保たれるでしょう。

「踏み込み」

手元にみえる部位を手先だけで打ちたくなるのが小手打ちですが、それでは一本にはなりません。大きく踏み込まなくても、腰を押し出すようにしっかりと踏み込めば、相手は攻めを感じ、反撃されることがありません。

「手の内」

手の内は、小手打ちにとって、とくに大事なところです。腕で当てにいくようでは、軽妙さがなくなってしまいます。素早い手の内で、打つ瞬間、竹刀が床と平行になるように手首をきかせます。

「バランス（残心）」

打ったあとに左足の引きつけが遅れれば、冴えた印象にはなりません。体勢が崩れ、体の軸のバランスが傾いているからです。踏み込みとも直結しますが、技の決めは送り足がカギを握っています。

この基本を充分に認識してから、小手打ちを実践すると、身構え、気構えにつながります。小手打ちの印象も大きく変わるでしょう。

実戦では、まず相手を観察して、小手打ちが有効なのか、またどのような小手が有効なのかをよく見極める必要があります。剣道の隙には「構えの隙」「動作の隙」「心の隙」の三通りがあります。構えの隙に関していえば、剣先の構えが低い相手は、小手がよく見えますので、相手の竹刀を上から越すようにして打ち込むことが可能です。その際、最短距離を通るようにし、剣先をあまり動かさないようにして相手に打ち気を察知されないように注意します。

反対に裏からいく場合は、剣先が高めの相手、もしくは右腕に張りのある構えをしている人に有効です。裏に回すときは、起こりが大きくなりやすいので注意します。表裏どちらを狙うかは、剣先の感触、高さなどによって判断します。

絶えず表裏を攻め、打つぞ、突くぞという気持ちを相手に伝えなければいけません。その気持ちがあれば、生きた攻め、生きた動きとなって、心の隙を誘発することができます。心の隙ができたとき、もう一度攻めれば、形の隙がみえるでしょう。

小手打ちはこちらから見て斜め前に位置しています。相手に打ち込む瞬間、鍔を割るような強い気持ちをもって打ち込むように心がけています。

裏から打つ

剣先が高い構えの相手、もしくは手元を上げるなどの反応を示した相手には、剣先を下から裏へ移動させ、小手を打つ

表から打つ

表から若干押さえると、相手が押さえ返すなどの反応を示す。反動を利用し、上から剣先を越して小手を打つ

払い小手

相手の気持ちがまだ充実していないとき、あるいは息が上がっているときに鋭く払って間髪入れずに打つ。相手の気持ちが緩んだ一瞬を逃さない技。剣先が柔らかい相手のほうが成功しやすい

出ばな小手

試合でも数多くつかわれる技。枕のおさえの教えのように、起こりの「お」をとらえる気持ちで攻める。相手の右足や剣先など、掛かり口を感じたら勝負に出る。小さく鋭い手の内で素早く決める

かつぎ小手

こちらの小手を見せながら打ち間に入るため、思い切りがいいほうが相手の手元が上がりやすい。上がったところを手の内の冴えで小手にとらえる。緩急の技といえる

捲き小手

高段位の試合でみられるこの技は、「切っ先は速し、手元は遅し」の教えの通り、こちらの切っ先で相手の手元を捲き上げる。間は近いので、思い切りよく、相手の竹刀をとばすような気持ちで捲く。豪快な技

押さえ小手

相手の面に対し、体を左にさばきながら相手の体の出を押さえるように小手を打つ。的確な足さばきが必要となるので、普段からの修錬でタイミングをつかんでおきたい

すり上げ小手

相手が面、もしくは小手にきたとき、裏しのぎを使ってすり上げ、体を右にさばきながら小手を打つ。振り回すようなすり上げでは時間をロスするので、相手を突くように竹刀を出す

引き小手
鍔ぜり合い、または打突が不十分で間合が近くなった瞬間、相手の拳を左に押さえつけ、押さえ返してきた反動を利用して小手を打つ。相手に追われることも考えられるので「きめ」が大事

返し小手
相手の小手に対し、体を左にさばきながら剣先を開いて相手の竹刀を鍔元あたりに乗せ、返して小手を打つ。相手が動いているところを竹刀を回して小手を打つので、とくに柔らかい手の内が必要になる

手の内の強化で小手打ち上達 気いっぱいの稽古で鋭い小手につなげる

小手打ちの冴えは、手の内の作用が大きくものをいいます。手の内の強化は、だれにでもできる簡単な作業をくり返せば、どんどん強くなりますので、積極的に取り組んでいただきたいところです。

たとえば素振りですが、軽い木刀で振ると、余計な力みがあれば振る際にブレが出ますので簡単に確認することができます。また、中段の構えから左こぶしを軸として剣先で円運動を描きながら振る方法、8の字を描く方法などは気軽に取り入れやすいものです。社会人の方は、勤務の合間には、竹刀が振れなくても縄跳び運動で手首、足腰の強化が図れるでしょう。

若い頃、合気道の先生が刃引きした小刀を片手に、放り投げた青竹を一刀両断にしたのを見る機会がありました。その鮮やかな手の内には驚きましたが、お話をうかがったところ、やはり山ごもりをするなど、絶えず修行をされたそうです。

まずは継続して稽古することが大事です。筋力の維持、技術の上達に加え、先の気、攻めの気持ちを養うことができます。もちろん、そのときは馴れ合いの気持ちではなく、気いっぱいの稽古が求められます。馴れ合いの稽古は、どうしても緩慢になりがちです。お互いの気持ちが張っていれば、感覚が研ぎ澄まされ、理合や打つ機会がわかってきます。気迫、体全体を使い体力を惜しまない稽古を心がけていただきたいと思います。

そういった稽古を続ければ、最終的には虚実の妙につながります。剣道は相手の隙を打つものです。集中力を高めなければ隙をつかむことができません。「蟻《あり》の足音が聞こえるくらい心を澄ませよ」という教えがあります。蟻の足音が聞こえるほど心を澄ますのかと、びっくりした記憶があります。

しかし、集中していないときというのは、たいがい気が抜けているものです。気が抜けているからこそ、怖さを感じ、相手の攻めにふわふわと動かされてしまうのでしょう。気合が入って丹田に力がこもれば、相手に攻められても動じないだけの跳ね返す力が生まれます。そこが剣道の大事なところです。これは日々の稽古でしか生まれません。そういった気持ちをもってこそ、軽妙といわれる小手が打てるのでしょう。わたし自身も稽古に取り組み、軽妙の一本をめざして精進したいと思います。

剣道の極意と左足

剣道は左手・左腰・左足である

剣道において、構え→攻め合い→打突の機会→技の選択→有効打突→残心というのが一連の流れです。この流れをスムーズに行なうためには、左半身のおさまりが重要になります。剣道の構えは右手右足が前に出ているため、どうしても右に力が入りがちです。それを防ぐには左を意識して行なうことが大事であり、そうすると全体のバランスがとれた剣道ができるようになり、上達へとつながっていくからです。剣道は左が大切といわれるゆえんは、そこにあると思います。

左が崩れたら、剣道も崩れる

背中と腰を二つに割ると構えが安定

相手から一本奪うためには、相手の構えを攻めによって崩さなければなりません。しかし、相手も同じことを考えているわけで、攻め勝って打つには相手の攻めに動じない安定感のある構えをつくらなければなりません。自分の構えが崩れると相手の動きを的確に判断できなくなって攻め込まれますし、正確で冴えた打突もできなくなります。

わたしは安定した構えをとるために左手・左腰・左足という左のラインを意識しています。この左のラインが剣道の命であり、構えをはじめ、攻め、打突などの源にもなるからです。左のラインが崩れれば、剣道も崩れてしまいます。

背中と腰を二つに割った構え
左のラインを意識して背骨をしっかり伸ばして肛門をしめると同時に、背中と腰を結ぶ中心線から後ろへ二つに割るようにして構えると安定感が生まれる

左のラインを意識して背骨をしっかり伸ばして肛門をしめると同時に、背中と腰を結ぶ中心線から後ろへ二つに割るようにして構えると安定感が生まれてきました。背骨を中心に肩甲骨を後ろに寄せるイメージです。背筋がしゃきっとし、首筋も伸びて目線が一定になるので、落ち着いて相手を見られるようになります。目線が一定になると相手との間合を適切にはかることができるため、出ばな、応じ技など相手の動きに応じた技を出せるようになります。

左足のひかがみは常に緊張

左腰で攻めれば剣先が生きる

わたしは蹲踞から立ち上がったとき、左腰を入れるように心がけています。左腰が入ることにより、攻めを剣先に伝えることができるからです。

しっかりと左腰を入れるには、左足のひかがみの備えがポイントになります。左足が横に開いてしまっては、ひかがみをしっかり整えることはできません。たとえ足先がまっすぐに向いていたとしても伸びすぎていたり、緩みすぎていると左腰が逃げた状態になってしまいます。左腰が逃げた状態では剣先が生きない、水平移動ができない、間合を的確に判断できない、機会を逸する、手打ちになるなど剣道が崩れる要因ともなります。

そこで、わたしは相手に足先をまっすぐに向け、足首を少し曲げて、ひかがみは緩めすぎず伸ばしすぎず、常に適度な緊張感を保っておくことを大事にしています。そうすると左踵も上がりすぎることなく、適切な高さになると思います。このあたりのさじ加減は、人によって違うので、いつでも踏み切れる状態を意識して稽古で体得していくしかありません。左足のひかがみがおさまれば、右足に無駄な力が入らなくなって全体の動きが楽にでき、攻めにも厚味が増してくると思います。

左手左腰左足の一体化

すべての打突は左が決定する

わたしは剣先を相手の中墨から外さず攻めつづけ、相手に少しでも隙が生じたと思ったら、気で乗り、腰で乗るようにして先を取って打突するよう心がけています。打突する際は右足の踏み込みと左足の蹴り、さらに左足の引きつけに注意して左手左腰左足の一体化をはかっています。

この三つのなかでとくにわたしが大切にしているのが、左足の素早い引きつけです。引きつけが遅いと左腰が逃げ、左拳は中心から外れてしまい、生命線の左ラインが崩れてしまって打突も流れてしまうからです。すべての打突は左ラインの一体化によって決定するといっても過言ではないと思います。

面や小手を打つ際は、左手を支点に両肩を意識して円運動の要領で振り上げ、振り下ろしますが、中墨から竹刀の軌道を外さな

左腰で攻める

相手に足先をまっすぐに向け、足首を少し曲げて、ひかがみは緩めすぎず伸ばしすぎず、常に適度な緊張感を保っておく。左踵も上がりすぎることなく、適切な高さにおさまる

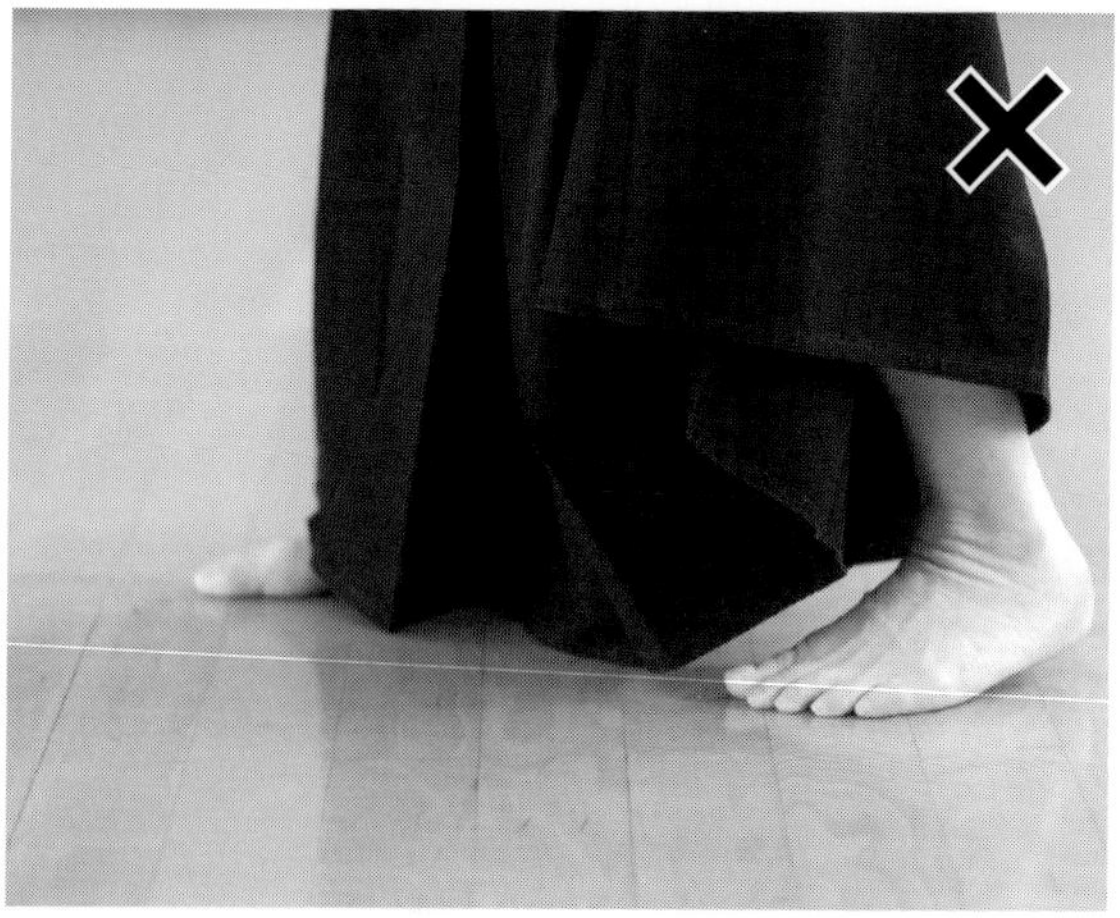

左足のひかがみを伸ばしすぎたり（写真）、緩めすぎると左腰が逃げる

〈左を意識した面打ち〉

左手を支点に両肩を意識して円運動の要領で振り上げ、振り下ろす。このとき中墨から竹刀の軌道を外さないように打突することで左のラインが有効に働く。右肩が左肩より前に出ないように注意している

〈左を意識した小手打ち〉

面と同じく円運動で打つ。このとき、右足をしっかり踏み込むことによって左が活きる

〈左を意識した片手突き〉左足を軸にして腰からいくようにして突くと同時に、右手を素早く引くことできめをつくる

いように打突することで左のラインが有効に働きます。このとき右肩が左肩より前に出ないように注意しなければなりません。右肩が前に出ると、左足が開き気味になって蹴りが弱くなり、引きつけもスムーズにできなくなるからです。へそから相手にぶつかっていくことを意識すればよいと思います。

また、わたしが実戦でよく遣う片手突きの場合も、突くときは左足を軸にして腰からいくように心がけています。突きはピンポイントだけに、左ラインのちょっとしたズレが最終的には大きなズレとなってしまうからです。

桶を頭に乗せたイメージ

左足に腰を乗せて足を送る

わたしは左半身を強化するために、両手を腰に当てたすり足の稽古を、機会をみつけてはよくやりました。とくに左手の感触を大事にしましたが、これは左足と左腰の連携がうまくいっているかを確かめるためです。能では水の入った桶《おけ》を頭に乗せて稽古して滑らかな足遣いを身につけたといいますが、わたしもそれをイメージしながら腰から送るようにして行ないました。

重心は真ん中、両足均等にかけて偏りがないようにします。このときも背中と腰を二つに割った姿勢をつくり、左足に腰を乗せます。右足は全体的に紙一枚入る気分で踏み、床をさするように動かします。右足で字を書くイメージでしょうか。左足は各指全体のつけ根が動作のもとになってくるので、わたしはここを遊ばせないように注意し、さらに全身にも気を張りつめさせて、右足の動いた分だけ素早く動かします。

この足さばきの稽古は、わたしの剣道の土台づくりのほか、スランプや壁にぶつかったときにも役立ちました。そういうときは、左ラインが崩れているものです。初心に帰った気持ちで、足さばきの稽古をして左ラインの修正をはかりました。はじめはゆっくりと、左足と腰の連携がうまくいくように動かし、できるようになったら少し速くするという具合に実戦の場面に近づけていきました。これによって動きがよくなって先が取れるようになり、機会を逃さず打てるようにもなりました。これはいまもくり返しています。

〈左半身を強化する足さばき〉背中と腰を二つに割った姿勢をつくり、左足に腰を乗せてすり足を行なう

勝負を制するのは左足だ

わたしは、「左足は剣道のすべてである」と思いながら稽古に取り組んでいます。足遣いは剣道の基本であり、もっとも重要な部分です。いくら腕を自在に動かすことができても、足が動かなければ技を一本にできません。だからこそ足腰の機能を充分に使えるようにしたいと思っています。

左足が崩れれば、構えや打突も崩れます。相手からの攻めに対し崩れないまま、こちらが相手を崩して一本を打つために、安定感のある左足をつくりたいものです。

左足、ひかがみ、腰で生きた構えをつくる

わたし自身、実戦では左足を遊ばせないように心がけてきました。相手がどのような攻めをしてきても、またはどのような状況でも臨機応変に対応するために重心を安定させる必要があるからです。

左足の機能を充分に果たす役目は、ひかがみになっています。昔の先生方は「ひかがみが曲がっていたらものにならない」と、よくおっしゃっていました。それほど重要な部分であるという意味でしょう。

左足、ひかがみと腰は連動しています。ひかがみを適度に張ると、腰がぐっと入るのがわかると思います。「腰を割って胸を張れ」という教えがありますが、それはひかがみが適度に張っているため自然とそのようなかたちになるのです。相手を充分に威圧

構えとひかがみ　左足、ひかがみ、腰の入った構えを心がける。「腰を割って胸を張る」イメージで、姿勢正しく構えることが大切

することができます。

このように左足、ひかがみ、腰が連動している状態であれば、重心が安定してきます。業前を見るのに「足を見ろ」ということはよくいわれます。剣道がいい人は足さばきがいいのは周知の通りです。

ひかがみは、伸ばしすぎても曲げすぎてもいけません。その中間をとるわけですが、これには個人差があるので各人で体得するところです。重心を安定させる位置をよく研究しましょう。重心を安定させれば腰がすわり、左足が崩れにくくなります。

もちろん、構えたときだけではなく、体が動いたときにも左足が生きていなくてはなりません。重心は両足均等にかけ、間を詰める際に偏りができてはいけません。常にまっすぐ、目線も一定であること。腰から移動することが大事です。

直線的な動きに慣れると（とくに高校生などの若い人に多いと思います）、重心が前にかかりやすくなるので、その場合、前傾姿勢になりがちです。応じ技を打つときなどは、右足に体重がかかりすぎ、うまく機会をとらえられない場合があります。攻撃は最大の防御であり、自分から攻撃を仕かけるのもいいこととは思いますが、やはり技をひとつでも覚えて勝負の幅を広げることは必要です。それには、重心を安定させ、いついかなるときにも臨機応変に対応できる足をつくる必要があります。

左足を意識すれば、剣道が必ず上達します。高段位をめざすならば、とくに工夫・研究が求められるところでしょう。

左膝で相手に圧迫感を与える

「左膝で相手を攻めよ」という教えがあります。相手を攻めるときには、右足だけではなく、左足がともなうことによって初めて相手に圧迫感を与え、崩し、一本に導くことができます。だからこそ、左足は常に生きた状態にし、どのような場面でも即、体が反応できるようにしなければいけません。

具体的には、左足の指、左膝を相手にまっすぐ向けることです。左膝が入れば、腰がぐっと入ります。「陰陽の足」という言葉もあります。右足だけでは相手の心に響かず、これが少しでも左足によってぐっと体が入ると、違ってくるわけです。

左足がともなっているからこそ、充分に踏み込んでいけます。やはり、攻めるという動作は、剣先を払う、捲く、右足で誘う、といった動きに「打つぞ、打つぞ」「こなければ突くぞ」といった生きた攻めが反映されなければいけません。

体をさばくときには、ひかがみを曲げすぎないように、腰が上

左膝で相手を圧迫する
相手を攻める際には、左膝を相手にまっすぐ向ける。左足、ひかがみ、左腰のラインを意識して打つ

足さばきは、腰が上下動しないように心がけ、重心がぶれないようにする

下動しないように移動しましょう。移動するたびに、姿勢がぐらつくようではいけません。左足の動きが悪いと、姿勢が前傾、あるいはのけぞるなど不安定になります。能のすり足のような、なめらかで、体が上下動しない動きをめざしましょう。左右へのさばきは重心のバランスをとるのが難しいところです。右半身に力が入りすぎて、重心が偏らないようにしましょう。

わたしの経験では「足さばき」は試合の勝負を左右するほどの重要なポイントであったと感じます。相手はほぼ同年代の方です。50歳代くらいになると、若い人のように大きく跳んでくる選手は

右足を高く上げすぎると、かえって跳ぶ距離がせまくなるので注意する

踏み込み

踏み込む際には、右足を高く上げすぎず、すり足のような気持ちで床と足裏の距離が離れすぎないようにする。そうすることで、高く上げた場合よりも前に跳ぶことができる

左右の足さばき

前後の足さばきと違い、左右への移動は体がぶれやすい。左足、ひかがみ、左腰のラインが崩れないように心がける

いません。打つか打たれるか、ぎりぎりの勝負の世界です。「一寸の見切り」という言葉もありますが、左足さえしっかりしていれば一寸のさばきであらゆる動作が可能です。懸待一致は、「懸」だけでも「待」だけでもいけません。生きた左足によって攻防一致の剣道をめざしたいものです。

踏み込む際も同様に、スムーズな動きが求められます。右足はすり足のように前に出したほうが、大きく踏み込むことができます。そうすれば、自然と左足もスッと引きつけることができるでしょう。右足の裏側が見える、あるいは左足が跳ねるといった踏み込みにはならないはずです。引きつけ足は「素早く」を心がけ、左腰が逃げないようにしましょう。左腰がぐっと入れば、左拳が相手の中心を割って入ります。引きつけ足は、まっすぐ相手に打ち込む大事なポイントです。

足遣いを間違えると打突が崩れる

以前、ある高校生の大会を見学していたときのことです。右足に足袋を履いている人がかなりの割合でいました。足の踏み方が悪いため、余計な負荷が右足にかかっている可能性があります。右足と左足のバランスがとれていないのです。

足遣いを間違えると打突が偏る
左足の遣い方を間違えると、足のみならずほかの部位にも支障が出、ついには打突が偏るので注意する。写真は肩に力が入り、右足に重心がかかった構え

拳が偏る
右半身が前に出ると、左拳が右側に動いてしまうので要注意

撞木足
撞木足になると、左膝がまっすぐ前に向かない。また、打突の際にブレーキをしてしまう

体勢が崩れる
左足が遊ぶと、前傾姿勢など体勢が崩れやすい。相手の攻めに対し、すぐさま対応できない

正しい足遣いを学ばないと、不自然なかたちを覚えてしまいます。体に余計な負担をかけ、ひいては腰痛、膝痛などにつながります。偏った構えや打突は戒めたいものです。

よく、右に偏った構えをとる人を見かけます。それは、左足、ひかがみが原因です。ひかがみが緩めば、左腰も緩み、構えは右前に偏ります。そうなると、理想的な左足の体勢をとることができません。構えは前傾になり、また、左拳が中心から外れます。理想的な打突がむずかしくなるでしょう。

また、撞木足も戒めたいところです。右前に偏った構えは、撞木足が原因であることも多いのですが、左膝が相手にまっすぐ向いておらず、打突の際にしっかり蹴ることができません。生きた左足を学ぶためには、これらの注意点にも充分気を配りたいものです。

実戦・生きた左足で一本を打つ

実戦のなかで、生きた左足を充分に活用できれば、すばらしい一本が生まれます。わたし自身は、生きた左足で一本を奪うためには捨て切る気持ちが大きく左右していると考えています。

わたしは、打突の際に「思い切り、踏み込み、伸び」という言葉を常に気をつけ、指導する際にもたびたび話します。一瞬の隙が勝敗を左右するなかで、打突を決めるためには、捨て身で勝負

出ばな小手

部位は面にくらべ近くにあるため、小さく、冴えのある打突が求められるが、左足の遣い方がおろそかにならないように注意する

出ばな面

相手の起こりの「お」をとらえるため、左足、ひかがみは常に理想の状態を保ち、すぐさま打てる体勢をつくること

片手突き
部位が小さいが、突く意識にとらわれると、手のみで突こうとしてしまうため、注意する。左腰で突くことを忘れずに

面返し胴
相手の面技に対し、体を右前にさばいて打つ。体がもぐらないように、左腰で斬るイメージをもつこと

をしかけなければいけません。なぜなら、思い切り勝負する気持ちによって、体も充実し、ついには無心の技につながると考えているからです。

ですから集中せず、ただ単に動作をくり返すだけの面打ちになれば、かえって動作が緩慢になり、充分な打突ができません。小手打ちなどは、とくに軽妙さが要求されます。緩慢な動作では、冴えがないので一本には結びつかないでしょう。小さい動きのなかでも、思い切り踏み込み、すかさず左足を引きつける動作が要求されます。

胴技の場合は、斜め前に移動しますので体がもぐりがちです。しっかりと腰で斬るイメージをもちながら、左足で素早く引きつければ、もぐるような動作をする必要がないでしょう。

突き技の場合は、部位に当てる意識が先に立たないように、腰からしっかりと突くことが大事です。緩慢な左足の動作はできません。手で突かず、腰から突く意識をもつことが大事です。

わたしは、現役時代に上段選手への対策として、片手突きを特訓しました。毎日、左足、ひかがみ、左腰で突くことを心がけて取り組みました。くり返していくうちに手元を狂わせることなく、突けるようになってきました。また、これらの動作が左足にいい影響を与えてくれました。

生きた左足を身につけるために、普段から気いっぱいの稽古に取り組むことが大事ではないかと思います。そうすることで、集中力が生まれ、勘所をつかむのです。左足の遣い方についても覚えてくるでしょう。怖がると、かえって相手の動きをとらえられません。

わたしも70歳を過ぎ、上の先生に掛かる機会が少なくなりました。相手は年下の方がメインとなりますが、「お互い、竹刀を抜いた瞬間から真剣勝負」と思い、気の張った稽古を心がけています。お互いに、気持ちを高め合って稽古ができれば、非常にいい効果があります。打ち合いばかりの馴れ合いの稽古にならない、気いっぱいの稽古を心がけ、生きた左足を身につけたいものです。

左足を自在に遣うために三昧になれ

生きた左足は、一朝一夕で身につくものではありません。日々継続して体得するものです。「今日はこれだけ稽古したから、明日はやらなくてもいい」というものではなく、できるだけ継続させることを心がけましょう。

一人稽古もいいものです。左足を鍛えようと思えば、なわとびで片足跳びをする、すり足、素振りなどの方法もあります。わたし自身、なわとびはとても有効な方法だと感じており、指導する際にはとくにすすめています。仕事や勉強に取り組みながらの稽古ですが、個人個人に合った方法はあると思います。

剣道は芸事です。やろうと思えば、いくらでも稽古できるものです。その素直な気持ちさえあれば、上達できるものです。時間がつくれたのなら、めいっぱい集中して稽古する。それが三昧です。

わたし自身は、一人稽古を取り組む際に仲間の存在が力になりました。わたしが剣道をはじめたのは鏡野高校2年生の頃です。表《ひょう》江《え》智《ち》舟《しゅう》先生の導きのもと、農家の子ども7、8人で日本一をめざしました。稽古と農作業でくたびれて床に就いたある日、どこからかコーンコーンと杭を打つ音が聞こえました。近所に住む仲間が杭を打ち込み台にして稽古をしていたのです。音に触発されてとび起き、わたしも稽古をしました。刺激する存在がそばにいれば、より稽古に精進できます。

現在指導者として剣道に取り組まれる方も多いと思いますが、教え子との稽古も真剣勝負で取り組みましょう。うかうかすると打たれてしまいます。集中力が高まるからこそ、勘所をつかむことができます。相手との年齢が離れていても、お互いいい稽古ができるでしょう。そうでないと、打ち合いばかりの馴れ合いの稽古になってしまいます。

教え子たちに「さすが先生」と思われるような稽古をしていただきたいと思います。真剣に稽古に取り組み、自分のものにできれば、生きた左足が身につくでしょう。

実の一本の連続で小手・面を決める

小手・面は代表的な複合技です。剣道は「一度技を出したら、決まるまで打ちをやめるな」と教えています。一本で駄目なら二本、二本で駄目なら三本と技をつなぎ、最終的に一本を決めます。技を出し、相手が防御にまわったときは打突の機会ですので、いつでも打てる体勢にしておくことが大切です。

わたしは現役時代、攻撃を主体とし、それこそ技が決まるまで打ち続ける覚悟で技を出していました。やみくもに技を出すのではなく、打った技はすべて一本にする覚悟で打つことが大切です。本気で決めにきた技だから相手は怖いと感じて必死にさばきます。必死にさばくから次の打突機会が生まれるわけです。

よって小手・面の場合は、まずは小手を絶対に一本にする。その覚悟で打ち切ることです。

これが重要。最初から面を打つことを想定しない

小手・面が得意な少年剣士がたくさんいます。軽快に小手・面と打っていくものですが、それは見事に打ちます。スピードがある若い頃はそれで通用しますが、最初から面を狙う小手・面は錬度が上がれば上がるほど通用しなくなります。小手を決めることを想定していませんので、打ちも弱いし、相手が怖いと思わないのです。

錬度が上がるにつれて技を出すまでの攻め・崩しが重要となることは周知の通りです。よって小手・面は、小手を本気で決めにいき、その小手を防がれはしましたが、そこに面を打つチャンスが生まれたことで打てるものなのです。

小手は面・小手・胴・突きの打突部位のなかでもっとも近い距離にあります。手を伸ばせば当たるような距離ですので、どうしても当てにいってしまうような打ちをしたくなるものです。しかし、そのような打ち方では一本になりません。

小手の要領は「起こりは小さく、打ちは大胆に」です。小さく速く打ちますので、手の内が大事になります。打った瞬間、竹刀と床が平行になるように手首をきかせ、技の冴えで一本にします。わたしは「スピード」「踏み込み」「手の内」「残心」の四つが重要と考えています。

小手は手元を上げようとした一瞬をとらえなければなりませんので、ある程度のスピードが必要です。スピードが足の踏み込みをよくし、手の内の作用もよくします。その結果として左足の引きつけもよくなるので、すぐに打てる体勢をつくることができます。

小手から面を打つには、小手を打ち切ったのち、すぐに打てる体勢をつくっておかなければなりません。よって小手を確実に一本にできる技術を身につけることが大切になります。相手の鍔を割る覚悟で出足鋭く小手を打ちます。小手は相手の竹刀をこえて打つ方法と、相手の竹刀の下から打つ方法がありますが、どちらも一本にできるよう普段から稽古しておきたいものです。最初から面を打とうと思い、小手を打たないことです。

一本にする覚悟で小手を打つ
次の面を打つことを想定するのではなく、まずは小手の一本打ちを正確に打てることが大切。打ち切ることで、次の面につながる

右手に力が入った状態では次の面は打てない

仕かけて小手・面。小手の防御にすかさず面を打つ

仕かけて小手・面を打つ場合は、小手の防御に対し、面を打てると察知したら瞬時に打つことが大切です。本番では無意識のうちに身体が動いているはずです。技は本来、身体で打つものです。比較的、この技が決まりやすいのは動作が俊敏ではない相手です。このような相手は、技を手でさばく傾向があるので、小手を防いだところにさらに面を打ち込みます。また小手を引いて防御したときも面が打てる機会が生まれます。いずれも小手が防がれたときには左足が引きつけられ、打てる体勢にしておくことが大

仕かけて小手・面

こちらの小手打ちに対し、相手が防御したときは、すかさず面を打つ。防御したときに打てる体勢をつくっておく

切です。

面は相手の防ぎ方にもよりますが、小手を裏に払うように防いだ相手には、裏から竹刀をまわすようにして、相手の竹刀をよけ、裏から面を打ちます。まわすといっても大きな動作になると面を打つのが遅くなりますので、最短距離で打つことを心がけます。

面を打つ場合は、相手の位置を瞬時に把握しておくことが大切です。その場で防御した場合は、右足を踏み込む距離は小さくなり、下がった場合は、追い込む分、距離は大きくなります。しっかりと左足を引きつけ、打てる体勢をつくり、打ち切ることが大切です。

引き込んで小手・面。攻めて中途半端な打突を誘発する

打突の好機は「技の起こり」「技の尽きたところ」「居ついたところ」「相手が引いたところ」「技を受けとめたところ」などがありますが、引き込んでの小手・面は技の起こりを狙うものです。間合が詰まり、相手が苦しくなって打突動作を起こします。その起こりに小手・面と瞬時に打ちます。鍔元から小手を打ち落とすように打ち、さらに面へと伸びていきます。

この技は、大阪府警の特錬員時代からもっとも得意とする技でした。現象面では小手・面とわたって打っているように見えます

引き込んで小手・面

間合が詰まり、相手が苦しくなり、打突動作を起こしたところに小手・面を打つ。鍔元から小手を打ち落とすように打ち、さらに面を打つ

が、ポイントは攻めて相手を引き出すことにあります。相手と対峙し、こちらが攻め勝った状態をつくり、相手が打っていかざるを得ないようにすることが重要です。相手が打ってくるのを待っていては遅れてしまいます。相手の状態によって表裏を使い分けます。

間合が詰まっていますので小手から面にいちはやく移行できるか否かが技の成否を分けます。相手の小手を鍔ごと割るような気持ちで打ち、さらに相手が出ようとしているところに手首のスナップをきかせて面を打ちます。相手も小手に出てくるときもありますので、その移動距離を計算して面につなげます。

打突は円運動と平行運動。手の内を柔らかく使う

どの技もそうですが、とくに連続技は手の内を柔らかく使うことが重要となります。打突動作は竹刀の握りの緊張と解禁のくり返しです。握り締めたままでは次の技を打つことはできません。肩の力を抜き、上虚下実の構えをつくり、打った瞬間は力を入れ、すぐに脱力することが大切です。

打突動作は、円運動と平行運動の組み合わせです。円運動は竹刀操作、平行運動は体の移動です。腰が入った構えをつくり、そこから竹刀操作を行ないます。

打突は面・小手・胴・突き、それぞれの打突部位をとらえるものですが、わたしは面は顎、小手は腕の下、胴は身体の中心、突

肩を柔らかく使う 打突は円運動と平行運動。普段から肩を使った素振りで、上半身の力みをとることに注意する

手の内を柔らかく使う

打突部位をとらえた瞬間、手首をきかせる。手首の作用で一本を決める。とくに連続技は手の内を柔らかく使わないと円滑な竹刀操作ができない

右手に力が入ると、剣先が上を向いてしまい、打突動作も硬くなる

力みのない竹刀の握りを常に維持する

きは喉の奥までを打つような気持ちで出すようにしています。それも力任せで打つのではなく、手の内のスナップをきかせ、冴える打突を求めるようにしています。軽快に打つことができないと、次の技につながりません。

引き出して打つ小手・面はとくに手の内の柔らかさが求められます。この手の内が身につくと、相手がギリギリのところで出てきても、余裕をもって対応できます。審査や試合での決め技にもなりますので、くり返し稽古をして身につけることをすすめます。

隙を打って勝つ。一方通行の剣道を卒業すること

隙を打つ着眼点1 いつも気一杯の稽古をすること

有効打突を打つには、相手の隙を打たなければならない

剣道は竹刀を介して相手とやりとりをし、隙に応じて技を選択していくものです。竹刀があるので、年齢差があっても稽古をすることができ、それこそ血気さかんな若手を、熟練者はいとも簡単に打つことができます。これは隙をとらえることに長けているからであり、経験値に大きな差があるからです。

では、このような実力をどのようにして身につけるかというと、やはり日頃から研究していくことがまずは大切になると思います。わたしは昇段審査の審査員をする場合、有効打突の条件を満たしているかどうかを第一に見ます。すなわち「充実した気勢」「適正な姿勢」「刃筋正しく」「残心あるもの」などの諸条件を満たして、はじめて審査の対象となると考えています。この有効打突を打つには、相手の隙を打たなければなりません。

剣道は「技の起こり」「技の尽きたところ」「居ついたところ」「相手がひいたところ」「技を受け止めたところ」などを打突の好機としています。ある程度、剣道を続けている人であれば、だれもが聞いたことがある言葉だと思います。しかし、知ってはいても、実際に打つとなると本当に難しいのは周知の通りです。

審査や試合前になってから稽古に身を入れる人がいますが、それでは遅すぎます。平素の素振り一本から気一杯に稽古することが、まずは大事になると思います。とくに錬度が上がるにつれて技を出すまでの攻め・崩しが重要になってきます。すなわち一度、技を出すと決断したらしっかりと打ち切ることが求められます。そのような技を出すには、まずはしっかりと気を張っていなければなりません。

打突部位は、面・小手・胴・突きの4箇所ですが、とくにもっとも距離が近い小手はどうしても手打ちになりがちです。近くにあると打つのではなく、当てにいってしまうのです。しかし、そのような打ち方では一本になりません。

小手の要領は「起こりは小さく、打ちは大胆に」です。小さく速く打つので、手の内が大事になりますが、しっかりと気を張り、打ち切ることを心がけます。

剣道は相手も打ちたいと考え、攻めをほどこしてきます。それに対応するには付け焼刃のテクニックでは通用しません。とくに昇段審査などの極度の緊張がともなう場面ではなおさらです。まずは普段から一本を大切にする稽古を心がけましょう。

隙を打つ着眼点2
左足指のつけ根に腰を乗せて構える

剣道の有効打突は、構え↓攻め合い↓打突の機会↓技の選択↓有効打突↓残心といった流れがあります。打突の機会が、隙です。ここを察知して瞬時に打つことが求められます。

ただし、頭でこのメカニズムを理解していても、身体で覚えていないことには実行することはできません。だから日頃の稽古が大事であり、稽古している者が強くなるのです。

隙を打つには、まずこちらが「いつでも打てる、突ける」という構えができていなければなりません。この強い意思のもと相手の構えを攻めによって崩すのです。しかし、相手も同じことを考えているわけで、攻め勝って打つには相手の攻めに動じない安定感のある構えをつくらなければなりません。自分の構えが崩れると相手の動きを的確に判断できなくなって攻め込まれますし、正確で冴えた打突もできなくなります。

わたしは安定した構えをとるために左手・左腰・左足という左のラインを意識しています。この左のラインが剣道の命であり、構えをはじめ、攻め、打突などの源にもなるからです。左のラインが崩れると、剣道も崩れてしまいます。

左手・左腰・左足を意識して背骨をしっかり伸ばして肛門をしめると同時に、背中と腰を結ぶ中心線から後ろへ二つに割るようにして構えると安定感が生まれてきます。背骨を中心に肩甲骨を後ろに寄せるイメージです。背筋がしゃきっとし、首筋も伸びて目線が一定になるので、落ち着いて相手を見られるようになります。目線が一定になると相手との間合を適切にはかることができるため、出ばな、応じ技など相手の動きに応じた技を出せるようになります。

昔の先生方は、業前を見るのに「足を見ろ」と教えました。優れた剣道の人は足さばきがよく、腰がしっかり乗っています。膝の使い方も巧みです。構えたとき、重心は両足均等にかけ、偏りがあってはいけません。腰から移動することが大事です。

手の冴え、これは昔でいえば免許皆伝の一番大事なところです。手の内というものはなかなか難しく、右手で強く握りすぎると弦が曲がって、刃筋が立った技を出すことができません。打った瞬間、締める、緩めることができる手の内を修得することが大事です。この手の内を修得するにはまず、生きた構えを身につけることです。それが隙を打つことの大前提となります。

隙を打つ着眼点3 左膝で攻め、気で乗り、腰で乗る

攻めは、無形のものであり、こちらが攻めたと思っても相手に通じていなければ攻めたことにはなりません。また、こちらからは攻めがきいているか否かはなかなか伝わりにくいものです。しかし、剣道は一方通行で、勝手に打っている技は評価されません。やはり攻めて崩して隙をつくらせて打つという手順を踏まないといけないのです。

わたしは攻めるとき、左膝を意識するようにしています。「左膝で相手を攻めよ」という教えがあります。相手を攻めるときには、右足だけではなく、左足がともなうことによって初めて相手に圧迫感を与えることができます。これが攻めとなり、相手を崩す、すなわち隙が生まれることにつながるのです。だからこそ左足は常に生きた状態にし、そのような場面でも即、体が反応できるようにしなければいけません。

具体的には左足の指、左膝を相手にまっすぐ向けることです。左膝が入れば腰がぐっと入ります。右足だけでは相手の心に響かず、これが少しでも左足によってぐっと体が入ることによって、まったく違った結果が生まれてきます。

左足がともなっているからこそ、充分に踏み込んでいけます。攻めるという動作は、剣先を払う、捲く、右足で誘う、といった動きに「打つぞ、打つぞ」「こなければ突くぞ」といった生きた

攻めが反映されていなければなりません。

わたしは剣先を相手の中墨から外さず攻め続け、相手に少しでも隙が生じたと思ったら、気で乗り、腰で乗るようにして先を取って打突するよう心がけています。この一連の動作を実現するのに左足の運用がもっとも重要となるのです。

左足の運用は勝負を左右する重要なポイントとなります。とくに昇段審査の相手はほぼ同年代です。加齢とともに遠間から跳んでくる人は少なくなります。しっかりと間合を詰め、打つか打たれるかぎりぎりの間合まで入ってきます。ここで我慢して打突の好機を探れるか否かが勝負の明暗を分けます。

しかし、足の運用を間違えると攻めがききませんし、崩れになります。とくに撞木足はその代表的な例ですが、気がつかないうちにクセになっていることはよくあります。撞木足はスムーズな足運びにブレーキをかけます。鏡を見ながら調整することで直すことができますので、普段から気を配り、微調整しておくことが大切です。

隙を打つ着眼点4
隙ができたと感じたら捨て切る

実戦のなかで、相手の隙を打つには、隙だと感じた瞬間に打っていることです。もっといえば無意識のうちに身体が動いているくらいでないと一本にすることは難しいと思います。よって、相手に隙ができたと感じたら思い切って捨て切ることが重要です。

もちろんすべて成功するはずがありません。しかし、中途半端な打ちをくり返していては学習できませんので、技の成否はともかく、捨て切る、打ち切ることを心がけたいものです。

わたしは、打突の際に「思い切り、踏み込み、伸び」という言葉を使っています。一瞬の隙が勝敗を左右するなかで、打突を有効にするためには、捨て身で勝負を仕かけなければいけません。なぜなら、思い切った勝負ができれば、身体も充実し、ついには無心の技につながると考えているからです。

ですから集中力を欠き、単に動作をくり返すだけの技は、かえって動作が緩慢になり、充分な打ちになるはずがありません。

ただし、捨て切って打つには準備が必要です。打てる間合に打てる状態で入り、そのとき相手が虚の状態でなければなりません。相手が実の状態であれば、入り際を狙われる危険性もあります。その見極めが大切になりますが、打つときは一気に捨て切ります。

わたしは現役時代、攻撃を主体とし、それこそ技が決まるまで打ち続ける覚悟で技を出していました。やみくもに技を出すのではなく、打った技はすべて一本にする覚悟で出していました。本気で決める覚悟で打った技だから相手は怖いと感じて必死にさばきます。中途半端な技は怖くないので、返したり、すり上げたりすることができます。

相手の隙を感じ取ることはなかなか難しいことです。しかし、剣先の動きや力の入り具合、間合取りなど必ずわずかですが変化があるはずです。そこを稽古を積み重ねることにより感じ取っていくのです。一朝一夕にできるものではありませんが、だからこそ剣道は奥深く、求め続けたいと思うのでしょう。

捨て切って打つ 相手の起こりを面にとらえる

相手の起こりを小手にとらえる

よそでは聞けない冴えのある打ち方

三つの運動が冴えを生み出す

打突に「冴え」を生み出すにはどうすればよいのか。これは剣道家が生涯を賭して追い求めていかねばならない命題だと考えます。かくいう私も、この冴えを生み出すための努力を長年にわたって続けてまいりました。

そもそも、冴えとはいったい何を指すのでしょうか。冴えは一般的に手の内の作用のことだと思われている方が多いようです。しかし、その答えは正解ではありますが、満点ではありません。冴えを生み出すためには、手の内のほかにも留意する点が多く存在します。

簡単な例を挙げてみれば、身体が止まった状態から手だけをつかって冴えのある打ちを出そうと思っても、なかなかできるものではありません。冴えのある打突には、手の内だけでなく身体の冴えも必要不可欠なのです。剣道ではよく気剣体の一致が大事であると言われます。これはまさしく本当のことで、ここを求めて稽古をすれば、自然と冴えのある打突が出るようになるはずです。

とはいえ、気剣体の一致した冴えのある打突は、剣道における最大目標といっても過言ではありません。それをただ稽古するだけで修得できるとは少々横柄な物言いになってしまいますから、私がこれまで剣道を続けてきた中で、とくに冴えに関して重要だと思った事柄を、今回はいくつか紹介させていただこうと思います。

ここで一つ、本旨とは別に、少々横道に逸れますがみなさんに紹介しておきたい話があります。これはまだ私が大阪府警の現役特練員だったころのことですが、当時、少林寺拳法の大先生に指導を受けたことがありました。その先生は私たちの目の前で青竹を宙に投げ、刃引きした小刀でいとも簡単に竹を真っ二つにしたのです。そして続けざまに、今度はタオルを警棒のようにつかう技を披露してくださいました。その時はただただ驚嘆するだけでしたが、よく考えてみると、あの技の数々は手首の強さ、技の冴えに由来しているのだと気づきました。かなりご高齢の先生でしたが、冴えはいくつになっても鍛えることができると、目の前で証明されたように私は感じました。以来、私も自分の可能性を信じて挑戦してきましたが、いまだその高みには到達しておりません。

「技に冴えがない」とは、長く剣道をつづけている者であれば一度は言われた経験があると思います。今回の私の話が、少しでもその悩みを解消する術となれば幸いです。

冴え名人の話

「冴え」という言葉を聞いて、最初に思い出されるのは小沼宏至先生（範士九段）のことです。小沼先生は、昭和生まれで初めて九段になられた方で、警視庁の主席師範も務められました。

小沼先生とは派遣指導でヨーロッパを一緒に回ったこともあり、その他にも幾度となく先生の立合を拝見しましたが、失礼な言い方になりますけども、これこそ正真正銘の九段だと感じました。小柄でしたが、とにかく技の冴えがすばらしい。気剣体がピタリと一致しており、とくに返し小手には目を見張るものがありました。返し小手という技は、手の内や体さばきなどすべての要件が満たされなければ、冴えた打突になりません。小沼先生の返し小手は、決まると「パクッ」というきれいな打突音が響き、観てい

小沼宏至
おぬま・ひろし／昭和二年福島県生まれ。昭和二十三年に警視庁警察官を拝命し、以後、三十七年にわたって剣道専門畑で活躍、主席師範を経て昭和六十年に退職した。全日本選手権大会二位、全国選抜七段大会優勝、明治村剣道大会優勝。小野派一刀流や無刀流、直心影流、警視流、二天一流など多くの古流に傾倒し、とくに小野派一刀流は笹森順造宗家より印可を受けた。享年六十九歳。剣道範士九段。

越川秀之介
こしかわ・ひでのすけ／明治二十八年茨城県生まれ。水戸東武館で竹刀を握り、大日本武徳会講習科へ入学する。陸軍第八師団、徳島県警察、武徳会徳島支部、大阪府警察、大阪商業大学などで剣道指導を行ない、戦後は大阪府警察の初代主席師範に就いた。享年七十六歳。剣道範士九段。

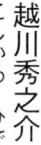

る者がため息をもらすほどでした。当然、他の仕掛け技や返し技もすばらしく、多くの剣道家の目標でもありました。

それから、私が所属していた大阪府警には越川秀之介先生（範士九段）という名人がおられました。この先生も身長が150数センチ程度の小柄な方でしたが、大変気持ちが強く、身体の小ささなどまったく問題にしておりませんでした。

大阪府警には浦本徹誠先生（範士八段）という190センチ近い豪傑がおりまして、二人の立合は端から見れば大人と子供。しかし、立合がはじまってみると、上段を執る浦本先生に対し越川先生がいとも簡単に一本を奪うのです。なめらかな足さばき、非常に柔らかい手の内、軽やかな竹刀さばき、どれをとっても非の打ちどころがなく、とくにパッと裏に入られた時などは、あまりに無駄がないので入られたことさえわからないほどでした。そこから非常に冴えのある小手を打ってくる。もうどうにも対処のしようがありません。

そしてもう一人紹介しておきたいのが、指宿鉄盛（範士八段）という先生です。指宿先生は非常に小手技の上手な方で、とくに打突の冴えには定評がありました。

ある講習会で、指宿先生が私に「小林、どうや！」と手のひらを差し出してこうおっしゃいました。「肉刺ができるのは力が入っている証拠。手の内は婦女子のごとし」。当時の私の手のひらには、大きな肉刺ができていました。先生にはそれがまったくない。これが名人の手の内なのかと感心しました。

そして「婦女子のごとし」というのは、手の内だけでなく剣道全体にも通ずるとのことでした。先生の話を要約すると、「男のようないかり肩で構えると、力が入って冴えた技がでない。女性のようになで肩で構えることが、冴えのある打突を生み出すには必要である」ということだったと思います。私は百姓の出でいかり肩でしたから、よく先生に「力が入っている」と注意を受けたことを覚えています。

片手突きの話

愛知の近藤利雄先生（範士八段）が、「剣道の基は左手」とよくおっしゃっていました。そして、その左手を鍛えるために、徹底的に片手突きの稽古をする姿を拝見したこともあります。道場の端から端まで、素振りの要領で一人片手突きを繰り返します。端までたどり着いたら振りかえって、また道場の端にむかって突いていく。この稽古法は西善延先生（範士九段）もよく行なっていました。

私が現役当時、全日本選手権をはじめとした試合では上段が一世を風靡していました。上段でなければ優勝はできない、と言われるような時代です。上段はすでに竹刀を振り上げている状態ですから、すべての技が一拍子で飛んでくる。それに対し中段の構えは、どうしても振り上げと振り下ろしという二つの動作が必要になってしまいます。上段に対抗するにはどうすればよいのか。

そこで私が思いついたのが片手突きでした。片手突きであれば振り上げの動作が必要ありませんから、上段からの振り下ろしにも早さで劣ることはありません。これしかないと思い、とにかく突き技を稽古しました。

大阪府警での稽古後に、いち早くサブ道場へと行き一人片手突きを繰り返しました。自宅へともどってからも、寝る前に裏の空き地で靴を履いて、桜の木にむかって木の皮がむけるまで突き技の稽古を続けました。突き技のしすぎで手首を痛め、医者からはもう治りませんと匙を投げられたこともありましたが、それでも休まず稽古を続けたことで、自然と力が抜け、徐々に痛みもひいていきました。この時の稽古の成果か、今でも力は右手より左手の方が強いですし、片手で自由に竹刀を振ることができます。

片手突きの稽古を続ける中で感じたのは、打突に冴えを出すには無理無駄を削ぎ落とさなければならないということです。手首を痛めたことで適度に力が抜けたことは不幸中の幸いでしたが、手の内だけでなく、身体の動かし方も含めて無理無駄をなくすことが、打突の冴えに直結すると実感した出来事でした。

三つの運動の話

打突に冴えを生み出すには、「三つの運動」を正しく行なわなければなりません。この三つの運動の合力によってはじめて打突に力が生まれ、ひいてはその力が冴えへとつながります。

第18回明治村剣道大会3回戦。すでに本大会で優勝経験のある松原輝幸教士に対し、小林教士が電光石火の片手突きを決める（写真）。小林教士はその勢いのまま勝ち上がり、強豪八段の頂点に立った

では、その三つの運動とはなにかですが、一つは「水平運動」です。剣道では腰の移動を意識しなさいと言われますが、この水平運動が身体の勢いをあますことなく打突へと伝えてくれます。左足が跳ね足になってしまったり、前傾姿勢での打突は力が分散してしまい、技に冴えが出ません。これはとくに左足のつかい方が重要で、宮本武蔵の言葉を借りれば「陰陽の足」を順守する必要があります。

「陰陽の足」の教えは、たとえば左足を固定したまま右足だけで攻めるような足のつかい方を厳に戒めています。右足が出たら必ず左足を同じだけ送り、つねに身体の安定を保つことが、冴えのある打突の土台となるのです。

そして次は「円運動」です。この円運動とは、右手と剣先の動きのことを指しています。剣道では竹刀を刀のように扱いなさいと口酸っぱく言われますが、これは決して建前ではありません。刀は振り上げたところから振り下ろしまで、剣先が円を描くように動かします。そうすることで剣先にスピードが生まれ、相手を切ることができるのです。

これは竹刀においてもまったく同じです。「打突の効果は速度

打突に冴えを生み出すには、「水平運動」「円運動」「テコ運動」の三つの運動が重要な鍵を握る

の二乗に比例する」と言われ、剣先のスピードが速ければ速いほど打突には冴えが生まれます。ただ力まかせに竹刀を振っても、剣先にスピードは出ません。右手で円を描くようなイメージを持つことで、剣先を速く振ることができます。

この円運動を実行するには、身体の柔軟性も必要不可欠になります。剣道は同じ動きを繰り返す特性からか、身体が硬くなりがちです。身体が柔らかいということは、どんなスポーツにおいても大変に大事なことです。柔軟運動などは、いくつになっても欠かさず行なっていくべきでしょう。

そして最後は「テコ運動」です。右手は押し手、左手は引き手と言われますが、この押し手と引き手の作用をうまくつかうことで、打突に冴えが生まれます。よく言われる「手の内」とは、このテコ運動の作用が大きな意味を持っています。

竹刀を強く握る、横から握るなど正しくない握りをしていると、テコ運動はうまく作用してくれません。左手は極め指である小指を中心に、薬指との二本でしっかりと握り、右手は打突の勢いにブレーキをかけてしまわないように軽く握ります。とくに手首のつかい方は重要で、打突の瞬間は手首が竹刀と水平になるぐらい柔らかくしておく必要があります。ここまでしっかりとテコ運動を意識することで、はじめて打突に冴えが出てきます。

これら三つの運動を一つの技に集約することで、剣道の大目標でもある気剣体の一致した、冴えのある技を出すことができるようになります。

身体の柔軟性が冴えを生む

打突に冴えを生み出すには、身体の柔軟性が必要不可欠です。現役時代は阪神や阪急のトレーナーを呼んで、柔軟体操や敏捷性を養うトレーニングをイヤというほどやりました。現在でも、身体を柔らかく保つことはつねに心に留めています。

剣道は全身運動だと思われていますが、実はつかっていない筋肉が多くあります。ですから、普段から気をつけて全身を動かしておかなければ、身体が硬くなってしまうのです。剣道家は年齢を重ねるにつれて、準備運動や整理運動をしなくなる傾向があります。身体が硬い方はとくに、柔軟運動をしても柔らかくならないのではないかと思っている人が多いようです。しかし、相撲取りを見ても解るように、成人をしてからでも身体を柔らかくすることは可能です。根気が必要ですが、ぜひ、柔軟運動は行なうようにしたいものです。

そして打突に冴えを生み出すために一番重要となるのは、手首

の柔軟性です。手首が硬いと、せっかく捨て切って打った技も冴えのないものになってしまいます。剣先で8の字を描くように竹刀をつかい、手首を柔軟性はつねに維持しておくようにしましょう。

剣先で8の字を描く
手首の柔軟性はつねに維持しておきたい。剣先で8の字を描くように竹刀をつかえば、どんな場所でも手首をほぐすことができる

連続片手突きで左手をつくる

現役時代に突き技を徹底的に稽古したことから、現在でも突き技は、私にとって大変重要な武器になっています。

突き技を稽古することは、自身の剣道を成長させる上でも大いに役立ちます。とくに大きいのが左手のつくりです。剣道において左手が一番重要な部位であることは、周知の事実です。打突に冴えを生むも生まないも、この左手のつかい方ひとつにかかっていると言っても過言ではありません。

私が行なった突き技の稽古法は、素振りの要領で、道場の端から端まで片手突きを連続して行なっていくというものです。そしてこの時、気に留めておかなければならないのが姿勢です。崩れ

正しい姿勢から、手首のスナップを充分に利かせて突く。突いたらすぐさま手元を引いて残心をとる

つねに正しい姿勢で突く

素振りは正しい姿勢で行なうことで、はじめて効果が出る。とくにひかがみの曲げすぎ、伸ばしすぎには気をつけるようにする

○ どこにも力みのない正しい構え

× 身体の硬い人はひかがみが伸びすぎている傾向がある

× ひかがみを曲げすぎると動作に無駄が出やすい

た姿勢で素振りをしても悪い癖が身につくばかりですから、一本一本正しい姿勢で突くことを心がけましょう。とくにひかがみは重要です。ひかがみは曲げすぎても伸ばしすぎても、うまく身体をつかうことができません。適正な姿勢を今一度見直しておくことが大切かと思います。

突き技を出す時は手首のスナップを充分に利かせ、竹刀と左手が平行になるイメージを持っておくようにすると、技に勢いが出て冴えが生まれます。

陰陽の足で水平運動を行なう

水平運動とは、身体の上下動がない足のはこび方を言います。これは剣道の土台とも言えるもので、水平運動を行なえばさまざまな利点を得ることができます。

利点の代表的なところでは、打突に勢いが生まれます。体をさばくときに左足の引きつけが遅れてしまったり、打突時に左足が跳ね上がってしまうと、せっかくの勢いが分散され、相手にうまく力が伝わりません。水平運動で身体を動かすことで、相手にむかってまっすぐ力を伝えることができます。

陰陽の足で姿勢を維持する

陰陽の足とは、右足を出したら同じだけ左足を引きつけ、つねに適正な姿勢を維持することを言う。適正な姿勢を維持しておけば、いかなる時でも相手の動きに対応ができる

そしてもう一つ重要な点は、つねに適正な姿勢を維持することで、相手の動きに対してすばやい対応が可能になります。試してみるとよく解りますが、右足を前に出したまま、左足を引きつけずに打突しようとしても、身体に勢いは生まれません。適正な姿勢で相手と対しておくことで、わずかな隙も見逃さず、冴えのある打突を繰り出すことができます。

能楽師は、なめらかな体さばきを会得するために頭に水桶をおいて修行するそうです。湯野正憲先生（範士八段）は、ダンスを修行して足さばきの勉強をしたと聞きました。足さばきは打突の冴えと直結しますから、修練を怠らないようにしたいものです。

右手と剣先を円運動させる

円運動は、竹刀を振った時の右手と剣先の動きを指します。昔はよく、素振りの時に面の位置で剣先を止めろとか、手元をしぼれということを言われました。しかし、このような素振りをしていると、右手がブレーキの役割を果たしてしまい、実際に打ち込んだ時に伸びのある冴えた技が出ません。打突は止めるのではなく、打突部位を打ったから止まったと解釈する方が正解でしょう。ですから、素振りは上下振りや斜め振りのように、円運動を意識してしっかりと下まで振り下ろすべきだと思います。

上下振り　剣先はもちろん、右手も円を描くように振り下ろす。右手は手首のスナップを充分に利かせて打ち切るようにする

上下振りは、振り上げた位置から剣先が円を描くように振り下ろします。剣先が円を描くことはもちろんですが、ここでは右手も円を描く意識を持つことが重要です。左手が抜けないぎりぎりの位置まで振り下ろし、右手は充分にスナップを利かせます。このような手のつかい方をすることで、剣先にスピードが生まれ、打突に冴えが出るようになります。

そして斜め振りには、正しい刃筋を意識させる効果があります。冴えのある打突は、正しい打ち方からしか生まれません。刃筋は一本の必要条件でもありますから、刃筋を無視して横から打つなどはもってのほかです。

斜め振り

左手を中心から外さないようにし、刃筋を意識して振る

テコ運動で剣先にスピードを宿す

テコ運動とは、いわゆる押し手と引き手の作用を言います。打突の瞬間に右手を押し、左手を引くことで、剣先にスピードが宿り打突に冴えが生まれます。素振りのところでも言いましたが、打突は往々にして右手がブレーキとなります。右手は充分にスナップを利かせ、その上で左手を瞬間的に引くことで、打突が冴え、打った時に「パクッ」と乾いた音が鳴ります。試合での審判や段位審査での審査員は、ただ打った打たれたを見ているわけではありません。私が音のこと

右手を押すと同時に左手を引く

テコ運動を意識して、打突の瞬間に右手を押して左手を引く（右列）。この作用がうまく整わなければ、冴えのある打突は生まれない（左列）

を言うのは、音が冴えのある打突かどうかを一番端的に表わしてくれるからです。みなさんも一度、自分の打突音を聞いてみるとよろしいかと思います。

剣先にスピードを出すには、この押し手と引き手の作用を瞬間的に速くするしかありません。力まかせに竹刀を振っても速さは出ませんし、ましてや冴えのある打突などのぞむべくもありません。

それからよくある事項として、右手が引き手になっている人を見かけます。一見、右手を引くと速く竹刀を振り上げられるように思いますが、これだと手元が浮いて隙ができてしまいます。この癖がある方は、テコ運動を意識して竹刀を振るようにしてみてください。

四種の技に冴えを生み出すには

最後に、打突部位である面、小手、胴、突きの四種の技における、冴えを生み出すためのポイントを紹介しておこうと思います。ここで理解しておいていただきたいのは、剣道の技の基本は、すべて面に詰まっています。まず面技を一生懸命修練し、冴えのある面が打てるようになったら、自然と他の技にも冴えが生まれてくるでしょう。

面技
押し手と引き手をうまくつかい、テコ運動で打つ。左手を引きすぎて死に手にならないよう注意する

小手技
剣先から左手までが一直線になるように打つ。右手、左手ともに手首のスナップを充分につかう必要がある

胴技
打突の瞬間に左手を素早く引くことで、打突に冴えが生まれる。右手で打つのではなく、左手で打つことを意識する

突き技
小手技と同じく、剣先から左手が一直線になるよう、左手首のスナップを充分に利かせる。打突後は素早く手元を引き、残心をとる

面技のポイントは、テコ運動を利用して、左手が死に手にならないぎりぎりのところまで引くことです。そうすることで、剣先がはしり、打突に冴えが生まれます。

小手技のポイントは、剣先から左手が一直線になるぐらい、しっかりと右手のスナップを利かせることです。

胴技のポイントは、打突の瞬間に左手を素早く引くことです。斜めに竹刀をつかうことになりますが、テコ運動の要領は変わりません。

最後に突き技のポイントは、小手技と同じく剣先から左手までを一直線にする意識を持つことです。突いたらそのままにせず、すかさず手元を引いて残心をとることで、技に冴えが生まれます。

剣道自分史　剣道鏡野武勇伝（上）

鏡野の農家の三男坊
祖父譲りの熱い血が流れている

岡山県の北部、中国山地を背にした津山盆地に位置する鏡野《かがみの》町が私の故郷です。昭和十二年に生まれた頃は、まだ町制が敷かれておらず、苫田郡香々美村沢田、といいました。

鏡野の歴史は古く、古墳時代にまでさかのぼる数々の資料は、山懐と調和して生き抜いた先人の知恵が物語られ、神話時代の文献にも記されています。江戸時代に栄えた林業は文化を築き、特産品を生み、村落に住む人びとの暮らしを豊かにしたということです。

現在の鏡野町は、人口約二万人。農業や林業に加えて、地域の活性化のために、温泉や湖を主として観光化がすすめられ、全国からやすらぎや懐かしさを求めて、大勢の人が訪れています。

鏡野町にはいくつもの渓谷があり、今も手つかずの森林が残っています。夏冬の温度差が大きい内陸型気候であるために、季節の移り変わりが実に鮮やかです。春になると活力あふれる風が耕地を目覚めさせ、夏には照りつける太陽の下、濃い緑の樹木や田畑の景色が広がり、秋は豊かな実りと見事な紅葉で満たされ、冬は黙した山々と雪で覆われる景色。

私はこうした四季の移ろいを存分に味わえる地で生まれ育ちました。高校を卒業するまでの十九年間を過ごした実家は、備前国の二大河川の一つ、吉井川支流の香々美川沿いにあり、家に接する田畑の向こうには、鏡野八景の一つである男山・女山が眺められました。

私の父・小坂弘は、津山市の電気工事会社に勤めながら、先祖代々受け継がれた田畑で農業に従事していました。育った家はいわゆる兼業農家です。父の給料日には、当時は珍しかった海の幸も食卓に並び、子ども心にも給料日は待ち遠しい日でした。父は教育に関しては放任で母の初子に任せていたようです。細かいことは言わない人で、六十四歳で他界しました。

兄弟は五人です。長兄の律夫、次兄の功、三男の私とそれぞれ年が二歳ずつ離れています。私の下には妹の民子、そして十一歳下に弟の達明が生まれています。いま思い出すと悪いことをしたと思いますが、妹の食べ物を取ったりして、よく泣かせたものです。剣道をするようになっても男の兄弟四人は農作業の手伝いは当たり前でした。当時は、祖父（道夫）と祖母（ヨシノ）も同居していましたから、七人で暮らしていました。

少年期の私に一番影響を与えたのは祖父の道夫だと思います。祖父自身剣道をやっていたわけではありませんが、私が剣道を始めると、ライバル意識があったのか、いつも「近所の子に負けたらいけない。ひとに絶対負けたらいかん」と叱咤激励されました。滋養のためにと、しぼりたての牛乳をよく飲ませてくれたものです。私の負けず嫌いの性格は、祖父の熱い血が流れているのかもしれません。

野球少年だった中学1年のとき。前列中央が筆者、向かってその右となりが次兄小坂功、2列目左から3人目妹民子、3列目左端が祖父道夫

香々美小学校腕白少年 野山を駆けめぐり足腰が鍛えられる

昭和十九年春、香々美小学校に入学しました。学校まで歩いて四キロの道のりを草履で通学しました。その時分から私の熱血漢な一面が現れたようで、かなりのガキ大将になっていました。子分もたくさんいて、小学校に通うようになると、朝から友だちがわざわざ迎えに来て登校です。けんかもよくやりました。負けることがなかったので、みんな怖かったのかもしれませんが、悪さをした子をやっつけたり、いじめられた子を助けに行ったりしていたので、友達にはずいぶん慕われました。体力にも自信があり、走るのも早かったので、運動会は得意でした。

周囲は山と田んぼと川しかないので、幼い頃から野山を思いっきり駆けめぐりました。同世代の子と同じように、棒切れを振りまわすチャンバラごっこを筆頭に、陣取り合戦、ビー玉遊び、コマまわし、二またの支軸にゴムを張って小石や木の実などをはさんで飛ばす、パチンコ遊びに没頭しました。いずれも単純な遊びですが、テレビもゲームもない時代です。友だちと一緒に毎日遊んで過ごしていました。野山の楽しい思い出はたくさんありますが、とくに夢中になったのは、なんといっても魚捕りです。

香々美川はとても清らかで、飲めるような水が流れていました。水質が良かったせいか、こぶなやハヤなど、どれも肥えて身がしまっていたような気がします。長い棒のついた網を持って、そっと川面をのぞき込むと川魚の動きがよく見えました。すわッと網を魚の頭からかぶせては、素早く手首を返して、魚をすくっていたものでした。

当時の我が家は、川魚も貴重なおかずの一品でしたから、捕った魚は食卓にのりました。鯉になると大ごちそうです。捕まえた鯉を家に持って帰ると、両親がたいそう喜んで、褒めてくれるのがまた嬉しくて、鯉捕りには精を出しました。その次に美味しかったのはハヤでしょうか。ハヤも動きが敏捷ですが、身近な魚です。煮てもよし、焼いてもよしで、よく夕食のおかずになりました。魚捕りは昼間ばかりではなく、夜もアセチレンランプを片手に川へ向かいました。夜になると魚の動きが鈍っているので、ランプの明かりで水中を照らして、モリで突いて捕まえていました。

他に、なまずやどじょうさがしも得意でしたし、刈り入れ後の水のひいた田んぼには、タニシもたくさんいました。タニシの住処には穴があいています。その穴を見つけると土を掘ってタニシを取り出し、一週間ほど水の中に入れて土を吐かせて、食べていました。

また、冬になると友だちと一緒に山へ行って、野鳥もよく捕まえていました。雪が降ると、野鳥は餌がなくなりますから地へおりてきます。そこで、脱穀の残りをばらまいて仕掛けを作るのです。鳥が来そうな場所に赤い南天を目印にして、何十と作って置いてまわったものです。野鳥もまた美味しくて、我が家の食卓によくのりました。罠にかかっているかどうかを見るのはワクワクするほど楽しいものです。寒さもいとわず、早朝から山中へと出かけました。

中学校までは剣道もやっておらず、食物の調達にもつながった山川での遊びは、私の少年期の最も愉快な思い出です。いま思えば、そのおかげで足腰が鍛えられたのだと思います。

鏡野高校剣道部 僧侶先生表江智舟との出会い

昭和二十八年。私は、野山で連れ立った仲間とともに、鏡野高校の四年制の昼間定時制へと進学しました。当時の鏡野高校は農業高校で、校舎は旧青年学校をそのまま継いでいました。田植えや稲刈りの農繁期になると学校は農繁休暇となり、春秋それぞれ一か月ほど休校になりました。猫の手も借りたいほど忙しい農家にとっては、生徒であろうと心丈夫な労働者であったのです。

鏡野高校は、のちの昭和四十一年に岡山県立津山東高校鏡野分校となり、六十年には閉校となったため、現在はありませんが、ここで、私の剣道人生を歩むきっかけとなった表江《ひょうえ》智舟《ちしゅう》先生と出会いました。先生との出会いは運命的な出会いといっても過言ではありません。

表江先生はその頃三十代であったと思います。旧制津山中学時代に剣道部主将として県下大会に優勝。和歌山の高野山大学をご卒業後、真言宗青木山極楽寺の僧侶であり、同時に鏡野高校で国語の教師に就いておられました。若い先生でしたが、威厳があっ

第１回岡山県下高等学校しない競技大会美作地区第２位に入賞した鏡野高校剣道部創部当時のメンバー。前列左から２人目が恩師表江智舟

て、知識も豊富で話がとても上手でした。ですから、先生の授業では生徒たちの私語もなく、退屈することなどありませんでした。不良と呼ばれる生徒もいましたが、先生の授業では早弁もせず、黙って教壇に向かっていました。

そういう先生から、私が高校二年生になったとき、「剣道をやろう」と言われたのです。先生のその一言が剣道を始めるきっかけとなりました。悪童の評判が高かった私たちに剣道を教えようと考えておられたようです。こうして、私は長兄とともに先生から手ほどきを受けるようになって剣道部が創設され、部員もだんだん増えていきました。当初は防具などありません。先生の防具を貸してもらって稽古をしていました。

表江先生の稽古は厳しかったですが、怒ったり叱ったりするようなことはなく、褒めて伸ばしてもらったように思います。当時の先生を振り返ると、指導力にかけては抜群だったと思います。僧侶と教師を兼ねておられたので、毎日の稽古につきっきりというわけではありませんでしたが、先生の言われることをしっかり守りさえすれば、必ず上達して強くなると全員が信じていたので、たとえ先生が稽古の場にいなくても、稽古をサボったり、おろそかにしたりすることなど一度もありませんでした。私たちは先生の魅力に惹かれ、先生も私たちの心をしっかりつかんでおられたと思います。先生の熱意を肌に感じて、先生のためなら！　という意気込みが確かにありました。

先生は週に幾度か指導に来られても、実際に稽古をされるのはごくたまにでしたが、稽古をされるときは、勝負がお好きだったようで、いつも「三本やろう！」と言われました。稽古を終えると、「お前らにはとてもかなわない」「腕をあげたなあ」とよく褒めてくれました。ずいぶん後になって、そのときは打たせてくれていたということに気がつきました。生徒たちに自信を持たせる言い方が、先生流だったのでしょう。技術的な細かな指導もされませんでしたが、稽古中に先生から指摘されたことを思い返して、家に帰ってからも一人で素振りをして過ごしました。

また、先生は剣道に関連するさまざまな場所へも連れていってくれました。自転車で十キロくらい離れたところにある津山警察署に行って、警察官ともよく試合をさせられましたし、近隣の剣道の情報を得ると汽車に乗って稽古に行ったり、選手として活躍していた人の試合や、強い先生たちの見取り稽古をさせてくれたりしてくれました。

先生の家はお寺でしたから、時々境内の掃除や草刈りに行くことがあり、手伝いのあとには必ずごちそうが出るので楽しみでした。家ではいつも麦ご飯でしたが、先生の家では白米やかやくご飯がいただけたので、心の中で（また呼んでくれないかなあ）と思っていたものです。

ご飯を食べながらも、先生はよく古今を問わず剣道家の話をされました。昔の剣道家の武勇伝から当時の剣道家の身なり、試合運び、稽古の様子や剣風など、数多くの話です。私たちは、先生の話に目を輝かせ、胸をときめかせながら聞き入りました。中倉清先生や伊保清次先生の話などもたびたびあって、お顔も知らないままに高校時代は憧れの存在でした。ずっと後に竹刀を交わせようとは、その頃、夢にも思っていないことでした。

先生の話は私たちに自信をつけさせ、「しっかり稽古を積んでいけば、（自分も）できるんだ！」と、剣道に日の浅かった自分たちを奮い立たせました。

先生は「和」についてもよく説き、剣道は和だと諭され、「剣道をやる者に盗人はいない」「剣道をやる者は正しい」ともよく言われました。人の心を教えられたのだと思います。当時の京都府警の師範だった井上晋一先生も、表江先生の話を聞きに来られたほどですから、先生の話がいかに素晴らしかったか理解できると思います。お坊さんでしたから話術には長けておられたにしても、先生の指導力のすごさには敬服しています。

私たちは連日の稽古と先生の話を聞きながら、強くなりたいと思う気持ちがだんだん強く固まっていったように思います。こうして、私たちは表江先生に全幅の信頼を寄せて、稽古に邁進したのです。

先生は、私が鏡野高校を卒業して、大阪府警に入った後もずっと心にかけてくれて、よく葉書きをいただきました。「元気で頑張っとるか」「日本一になれるぞ」「頑張れ」という励ましの便りを何通いただいたかしれません。先生の気持ちがひしひしと伝わってきました。

鏡野高校剣道部の名を全国に広めた表江先生は、昭和五十四年に、鏡野町の名誉町民となり、五年ほど前に銅像が建てられました。除幕式のときには、私と弟の小坂達明が日本剣道形を打ちましたが、喜びとともに感慨深いものが胸をよぎりました。

平成十六年四月十日、八十五歳で亡くなられましたが、少年期から青年期の多感な時期に表江先生と出会い、先生からの指導を受けられたことをありがたく思います。先生は私にとって親のような存在でした。

昭和29年8月4・5日、栃木県日光市公会堂で開催された第1回全国高等学校しない競技大会に出場、ベスト8に入賞する

第一回インターハイ しない競技の部でベスト8入賞

私は、高校時代の前半まで「しない競技」大会に出場していました。しない競技が全国に普及し始めた頃です。戦後、連合軍から禁止されていた剣道が、「しない競技」の名目で学校体育に取り入れられたのは、昭和二十九年、私が高校二年生のときです。

先を16に分割した袋しないを使い、制限時間内に何本当てるかを競うものでしたから、なるべく多く打つことにポイントがおかれました。着衣はシャツとズボン、それに運動靴か足袋を用い、会場が衛生的に問題なしと判断された場合は裸足でもよいという規則がありました。

もっとも普段の稽古は剣道そのもので、表江先生から手の内や刃筋、気剣体の一致などは厳しく指導されました。

剣道を始めた頃は道場などなかったので、稽古場は転々と変わりました。天気のよい日は黒沢山の山頂や運動場で靴を履いてやり、雨の日は学校の家庭科教室の机や椅子を片付けてやっていました。家庭科室ですから、稽古の前は入念な針探しから始まります。町の公民館もたびたび借りましたが、窓がないため冬は凍るような風が通り抜け、床は滑りました。踏み込む力が強過ぎて床を破ってしまい、苦情が出たこともありました。

防具はあちらこちらから寄せ集めたものでしたから、革胴、竹胴、梨地の胴など、いろいろとありました。しない競技用の防具は剣道ほど重くありませんでしたが、上下が続いていたので、汗をかくとすぐに暑苦しくなりました。その頃十二名になっていた剣道部員はよくまとまって、毎日がむしゃらに稽古を続けていきました。

四月に剣道を習い始めて二か月後、稽古に精進した結果が出たのでしょう、第一回岡山県下しない競技大会に初参加で、いきなり優勝してしまいました。この大会は全国大会への予選も兼ねていたのですが、伝統的に強かった津山高校や西大寺高校を破って、私たちが全国大会へ出場することになったのです。

後年、表江先生がその時を回想して述べられているように、施設や設備においては決して恵まれていなかった環境において、鏡野高校が県下で一番になったのです。先生の口ぐせ通り「やればできる」が現実となり、私たちは大きな自信を得て、よりいっそう稽古に精を出すようになりました。ここを機に〝剣道鏡野〟がスタートしたように思います。

その夏は栃木県日光市で開かれた第一回全国高等学校剣道・しない競技大会のしない競技の部へ出場しました。しない競技の団体戦は三人制で、私は中堅でたたかい、決勝トーナメントまで進みましたが、準々決勝で福岡県の若松高校に二対一で敗れて、ベスト8に入賞しました。この大会へは鏡野を夜行列車で発ち、東京駅に到着したとき、警視庁に勤務していた高校の先輩が会いにきてくれており、たいそう親切にしてもらいました。

翌三十年も県下大会で優勝して、大分県別府市で開かれた第二回全国高等学校剣道・しない競技大会のしない競技の部へ再び出場しました。決勝トーナメントへ勝ち上がって、準決勝戦で前年度の優勝校である香川県の小豆島高校を三対〇で破りました。いよいよ強豪秋田商業との決勝戦です。元気いっぱいにたたかいましたが、残念ながら二対一で惜敗し、準優勝となりました。

八月の全国大会から帰った直後の九月には、山口県で催された第一回中国五県高校剣道選手権に出場して優勝しました。この頃はもう県下で負けることはなくなりました。

兵庫国体優勝
トラックの荷台に乗ってパレードする

昭和三十一年、高校時代最後の年を迎えました。第三回岡山県下高校剣道大会でも優勝して、続く福島県会津若松市で開かれた第三回全国高等学校剣道大会で、初めて五人制の剣道の試合に出場しました。このときは準決勝戦で秋田商業を五対〇で破った後、準決勝戦で千葉の安房第一高校に二対三で負けて、三位に入賞しました。

試合の直前になると表江先生は決まって、「(相手の)格好はよいが、お前ら、元気のある者のほうが勝つよ」と暗示をかけられるので、皆その気になって威勢よくかかっていきました。先生はいつもそんな調子で、常に力強く背中を押してくれたのです。秋田商業にしても安房一高にしても、強豪校であることを教えられたのは戦いが済んだあとでした。試合が済むと「みんなえらい元

昭和30年、鏡野高校運動会にて全校生徒の前で表彰される剣道部。優勝旗（第１回中国五県高校剣道選手権大会）を手にするのは宮本金一。カップは第２回全国高等学校しない競技大会準優勝

気があった。よくやった」と、ねぎらってもらいました。その大会では小牛田農林高校が梨地の胴を着けて出場していたことが印象に残っています。

　こうして、私たちは剣道を始めてわずか二年後には、もう〝稽古の虫〟になっていました。まさに、「カラスの鳴かない日はあっても、稽古のない日はない」という日々でしたが、農家にとって高校生は大きな働き手です。裕福な家の子は、稽古に支障をきたすこともなかったですが、我が家ではそういうわけにもいかず、毎日の農作業はきわめて当然で、しなければならないことでした。とくに田植え、刈り入れ時は要求されます。学校も農繁休暇になるくらいですから、仕事はいくらでもあって、朝から稽古に行こうとすると、「この忙しいときに何が剣道だ！」と兄にはよく叱られたものです。そういうとき、母はいつも「行っといで」とかばうように声をかけて、行かせてくれました。

　午前中の稽古を済ませると急いで家へ戻って、昼から晩まで農作業です。畑仕事はかなりきつくて、いくら若い身といっても夕方には腰がたたないほど疲れました。

　稽古と農作業でくたびれ果てて床に就いたある夜、どこからか、コーンコーンと杭を打つ音が響いてきました。誰も彼もが寝静まった時刻ですから、少しくらい遠くてもその音はよく聞こえ、剣道仲間が杭を打ち込み台にして、一人稽古をやっているのだとすぐにわかりました。当時の農家は庭が広くて平らなので、打ち込むにはもってこいの場所です。また、牛を飼っているのが普通で、

運動場や家庭科室で稽古していた鏡野高校時代（後列右端）

庭には牛をつなぐための杭が立てられていたのです。私はその音に触発されて飛び起きました。「アイツもやっている、ヨシ俺もやるぞ！」「誰かがまだやっとるなら、おれはもっとやるぞ」と夜中に打ち込みを始めました。夜に響いてくる打ち込みの音からも、お互いが励むことになったと思います。

朝は稽古、昼から夜にかけては農作業、夜中には打ち込み。肉体的には厳しい毎日でしたが、いま振り返ってみると、「やろう！」という気持ちが非常に大切だったと思います。剣道は個人技の修錬で、どこででも習得できるのですから、やる気さえあれば、どんな状況においても精進できると思います。

やる気になって励んだ稽古が実って、秋には兵庫県赤穂市で開催された第十一回国民体育大会剣道競技に出場することになりました。国体への出場権は得たものの、費用が乏しかったので、当時流行っていた三益愛子、水戸光子という女優さんが主演した「母ものシリーズ」を公民館で上映して、その収益を費用に充てたものでした。

国体では、予選リーグで福岡の若松高校と千葉第三高校を破って、決勝リーグへ上がり、徳島農業高校と夏のインターハイで優勝していた中京商業高校を降し、念願の全国制覇を果たしました。晴れて日本一です。鏡野に帰ると町は大沸騰。祖父は飛び上がるほど喜んでくれました。校長先生も生徒も町の人たちもみんな喜び、全校で百人そこその生徒数で全国優勝したので、〝小さな町から大きな選手が出た〟と大変な歓迎を受けました。トラックの荷台に乗って優勝パレードがあり、「優勝しました。ありがとうございました」とマイクを手に御礼を言ったものです。

高校時代はインターハイ団体三位、国体優勝という結果を得て、私はやる気と自信をもって試合に臨むことの必要を強く心に留めました。表江先生がいつも言っていた「やればできる」という言葉は、以後、私の人生の指針となっていました。

剣道自分史　剣道鏡野武勇伝（下）

岡山県立鏡野高校修学旅行にて表江智舟先生と剣道部員。後列右から土居睦美（旧姓米沢）、筆者

憧れの大阪府警へ がむしゃらに黙々と稽古に励む

昭和三十一年、高校生最後の夏の終わりに、大阪府警が岡山へ遠征に来ました。表江《ひょうえ》智舟《ちしゅう》先生はこの情報をいち早く知っておられたようで、私たちは防具を担いで、汽車で二時間の岡山市へと出向きました。

試合を見学したときの大阪府警の選手の強さや打ちの速さ、あか抜けた剣風には目を見張るものがありました。試合が済むと、私たちは表江先生の指示で、大阪府警の先生方に稽古をお願いすることになりました。一所懸命に懸かっていきましたが、早々に息があがる苦しい稽古ばかり。思い切って体当たりしても先生はびくともされません。まるで大木にぶつかっていくようでした。

(問題にならないほど堅固で凄い!)

と驚嘆したことを昨日のように覚えています。それでも頑張って七、八人の先生に懸かっていったので、面を脱いだときは疲れ果てて動けませんでした。

その直後に、府警の先生にスカウトされたのです。私は幾つかの大学からも声をかけてもらっていましたが、高校を卒業したら農業以外の仕事に就こうと考えていました。今までやってきた稽古や農作業を思うと、何でもやれるという自信があったので、迷うことなく大阪府警に決めました。大阪府警はかねてからの憧れでしたし、何より表江先生のすすめがあったので心丈夫でした。

このときに〝俺は剣道で生きていく〟と覚悟を決めたのです。大阪は剣道の環境に恵まれた地だから、必ず日本一になる! 私は意を固めて岡山を発ちました。

昭和三十二年に大阪府警に奉職し、一年間の警察学校生活を終えて、翌年、剣道特練生となりました。

当時の大阪府警には、主席師範の越川秀之介先生をはじめとして、指宿鉄盛、長谷川壽、斉藤正利、土田博吉、六反田俊雄、坂本吉郎、岸本政一各先生、そして、のちに義父となる小林嶺造先生という名だたる師範が揃っていました。

越川先生は「やればわかる」「稽古に迷ったら、掛かり稽古をせよ」と言われるだけで、〝見て、盗んで、体で覚えよ〟と、理屈ぬきの稽古が大事であることを教えられたように思います。私は、先生方や先輩たちの稽古を見ながら、毎日、研究しました。一つを覚えるために相当な時間を費やしましたが、一旦覚えるとしっかり身についたようです。

越川先生は小柄でしたが、先生の剣道は手の内や体さばきが絶妙でした。高校時代、体躯のがっちりした浦本徹誠先生の試合を見て、凄いと唸ったことがありましたが、その浦本先生を越川先生は、いとも簡単に打っておられ、剣さばきを見ていて何度も驚かされました。越川先生には先輩たちが優先的に懸かって行ったので、私はなかなか稽古をお願いできませんでしたから、自分の番になると、それはもう必死でした。剣道に関しては大変厳しい人でしたが、怒った表情を見たことはありません。

昭和35年10月９日、東京体育館で開催された昭和35年度全国警察剣道大会にて初出場初優勝。前列左から河田正信、甲斐利一、園田政治、浦本徹誠、奥園國義、斯波和雄、小林三留、斜木隆雄、２列目左から賀来俊彦、６人おいて主席師範越川秀之介、指宿鉄盛、１人おいて坂本吉郎、３列目左から長谷川壽、２人おいて土田博吉、３人おいて六反田俊雄、小林嶺造、岸本政一、最後列右から２人目斉藤正利の各氏

指宿鉄盛先生は〝気の稽古〟をされていたと思います。いつも本気で稽古をしてくれたので、懸かる前にも気を入れて、歯をくいしばっていきました。

長谷川先生は武専の専門家で理論家でしたし、斉藤先生は立派な稽古をされると周囲も認めていたように、攻めのきいた剣道でした。土田先生と六反田先生も武専出身の先生です。私はいつも掛かり稽古でした。

とにかく昔の先生方を思い出すと、「理屈をこねる前に稽古やれ！」という言葉通り、実践に次ぐ実践で、理屈などありませんでした。がむしゃらに、黙々と稽古をしました。

このような先生方による指導ですから、稽古は相当に厳しかったです。しかし、私も小さい頃から野山で遊んだり、百姓仕事を手伝ったりしていましたから体力には覚えがあったので、午前午後の稽古が済むと、夜や日曜日は他の道場へ通い、寮でも必ず素振りをくり返しました。一日とて休むことなど思いもよらない日々でした。

主席師範越川秀之介の親心
師父小林嶺造の信念と意気込み

当時、三十五名いた特練生の目標は、何としても〝七人の侍〟に入ること、つまり全国大会の選手になることです。特練生の合い言葉も七人の侍で、その座を得るため、毎日が壮絶な競い合いでした。

熊本の九州学院から二人の若手が入っていた以外は、ひとまわりも年長の人ばかりです。入った当初は、三十代前半の脂ののった先輩特練生の多いなか、（はたしてやっていけるだろうか？）と多少不安を抱いたこともありましたが、ひたすら稽古を続けました。

警察における大会は毎年、春の二府二県（大阪、京都、愛知、兵庫）大会に始まります。ここで十五人の選手に入らなければ、その年の七人の侍にはなれません。次に催される管区大会の選手枠が九人。最後に全国大会の選手が七人に絞られます。ですから、是が非でも七人の中に選ばれなければならないのです。これは、昔も今も同じです。

私は警察に入って二年後の昭和三十四年、二府二県大会で大阪府警の選手として選ばれ、翌三十五年に念願の七人の侍に入りました。剣道を始めてから六年目のことです。初めての全国大会で与えられたポジションは先鋒で、最高に嬉しかったです。監督が坂本吉郎、コーチが六反田俊雄、小林嶺造各先生。六将・斯波和雄、五将・奥園國義、四将・甲斐利一、三将・園田政治、副将・賀来俊彦、大将・浦本徹誠、補欠に斜木隆雄、河田正信というメンバーが組まれて、この年は優勝しました。私にとっては、初出場で初優勝となった記念すべき大会で、思うこともたくさんありますが、そのときの越川先生の親心は一生忘れられません。

とにかく、特練生になって以来、毎日が猛烈な稽古と試合の連続で、選手に入っても心身の緊張と疲労が高じる一方でした。越川先生は、そのような私の行き詰まった姿をご覧になっていたのでしょう。全国大会のメンバーになって間もないある日、「映画でも見てこい」と小遣いを渡されたことがありました。これを見ていた周囲も驚いていましたが、私は思いがけない先生の親心が心底ありがたくて、熱い思いがこみ上げてきました。越川先生自身、勝負に徹してこられた人でしたから、選手の気持ちも充分にわかっておられたのだと思います。気分的な緩急の大切さを語らず教えられたのかもしれません。

私は先生の心を無駄にしないようにと、ふたたび稽古に没頭しました。平日の稽古のあとで修道館や町道場へ行き、日曜日は、当時大阪城内にあった近畿管区警察学校へ通いました。管区学校では津崎兼敬先生が日曜稽古をされており、ここには賀来俊彦先生がいつも来ておられました。

互いに剣道の虫だったのでしょう。どこの道場に顔を出しても白藤一郎さん（昭和四十年度全日本学生剣道選手権大会優勝）と一緒だったことも懐かしい思い出です。

高校時代は表江先生、大阪府警では越川先生と、私は素晴らしい師に恵まれましたが、当時、師範の一人であった小林嶺造先生にはとくにかわいがっていただきました。独身の頃、たびたび先生の自宅に呼ばれて、食事をご馳走になっていたのですが、縁あって先生の娘さんと結婚することになり、昭和三十六年、小林の姓を名乗ることとなりました。婿になっても義父は師範です。監督でもあり、怖い存在でした。

義父は酒とタバコをこよなく愛していましたが、監督になると、秋の全国大会が終わるまで、どちらもきっぱりと絶って指導にあたるような人でした。私は義父の信念と意気込みを身近に触れていたので、より必死になりました。そのような義父の強い思いが特練生に伝わらないはずはありません。師弟の信頼もしっかり築かれ、みんなが一丸となって優勝をめざしたものです。

私は戦後、大阪府警の剣道特練生のスカウト第一号で、ある意味、先駆的な存在だったようです。先輩との年齢差が大きくて、大変なこともありましたが、試合で育てられ、鍛えられて今日があるように思います。

岳父小林頴造範士と（昭和36〜37年頃の京都大会にて）

昭和三十三年に特練生となり、現役引退まで七人の侍であったことは私の誇りでもあります。

届かなかった天皇盃
自宅から会場入りした世界大会

私は、全日本選手権大会、警察大会、世界選手権大会など、多くの試合に出場してきましたが、全日本選手権は、剣道を志す者にとって最も夢見る舞台ではないでしょうか。

私が府警に入った当初、大阪ではまだ全日本選手権大会の予選はなされていませんでした。高校時代に若松高校の選手として活躍した桑原哲明氏が、既に宮崎県代表として出場し、二十一歳のときに優勝していたこともあって、私も早く全日本選手権へ出場したいと願っていました。昭和三十八年、二十五歳のとき、ようやく大阪府予選が実施されるようになって、その年の予選で勝ち、念願の全日本選手権大会へ出場することになりました。

初出場は第十一回大会で、会場は東京体育館でした。一回戦はシード。二回戦で東京の西山泰弘選手に胴の一本勝ち、三回戦で愛知の内藤利男選手に面の一本勝ち、準々決勝で福岡の桑原哲哉選手に小手と胴で勝って準決勝戦へ進みましたが、ここで兵庫の矢野太郎選手に敗れ、結果として三位に入賞しました。

翌三十九年にも出場して、一回戦はシード。二回戦で三重の西田陸太選手に面二本で勝ち、三回戦で前年度三位、佐賀の穐山嘉昭選手に敗れています。

それから六年後の昭和四十三年は三度目の出場となりました。一回戦で長崎の野中定美選手を、二回戦で青森の工藤修治選手を、三回戦で茨城の高山能昌選手を破り、準々決勝で岐阜の松葉忠文選手に面を取られて負けています。

翌四十四年に四度目の出場を果たしました。山口の古田坦選手、埼玉の野澤治雄選手、栃木の佐山春夫選手に勝ち、準々決勝で岡山の藤田長久選手に負けて、全日本での試合を終えました。三十二歳のときです。全日本では勝ちを意識し過ぎたのかもしれません。結局、天皇盃には手が届きませんでした。

他方、全国警察剣道大会では通算優勝七回、準優勝四回の成績をおさめることができました。昭和三十五年に初出場したときの緊張感や、昭和四十二年に、大将を務めて優勝したときの安堵感などが記憶に残っています。

また、昭和四十四年には警察大会個人戦で決勝まで進み、警視庁の千葉仁選手と戦い、胴を決めて優勝しました。このときに決まった胴は、千葉選手が打ってきた面を逆胴で返した技で、攻めのきいた最も忘れられない一本です。

警察大会は組織としての仕事でもあり、非常に厳しいものがあります。勝負に勝たねばならないという意識から、稽古の過程でチームワークの大切さをしっかり学んだように思います。

全日本選手権や警察大会など、大きな試合に出場して、体力的にも気力的にも充実した最中の昭和四十五年、第一回世界剣道選手権大会が開催されました。私は世界選手権の日本代表に選ばれて、谷口安則、堀田国弘、太田友康、戸田忠男選手らと共に個人の部に出場しました。個人戦は開催地が大阪ということで、現在では考えられませんが、当日の朝は、自宅から会場へ赴きました。

初めての世界選手権は役員も選手も、多方面で試行錯誤がなされたことと思います。私は、おそらく長身の選手とたたかうことになるだろうと予想していました。その思いは四回戦で的中し、対戦したアメリカのプリンストン選手の身長は二メートル近くありました。相手と竹刀を構えたとき、見上げてしまったほどです。日本の伝統を守り抜きたい一心で面を二本決めましたが、あのような背の高い人にどのような面を打ったのか、今も不思議に思います。

私は決勝戦へと勝ち進み、上段の戸田忠男選手と対することになりました。どちらが勝っても日本の優勝が確定しているので、気分的には楽でしたが、練習試合で二戦二敗を喫していたので、負けられないという思いがありました。

その当時、全日本選手権では警視庁の千葉仁選手や滋賀の戸田忠男選手が優勝して、上段の全盛期でした。そこで、自分も上段をやってみようと思い立って、一時期、左手での素振りを始めたことがありました。しかし、やり過ぎたのか、手をつくこともできないほど手首を傷めてしまい、灸や針に通いました。痛みをたえて素振りを続けていくうちに、自然に治っていきましたが、その体験を通して固めたのは、やはり自分は中段の構えを貫こう！という決意でした。

昭和45年4月10日、大阪市中央体育館で開催された第1回世界剣道選手権大会で個人優勝を遂げる

上段の構えは断念しましたが、上段に対する有効な技である片手突きの練習は、家の庭にあった木に向かって、徹底してくり返しました。鍛えれば何とかなるものです。「窮まれば通ず」左手は確実に強くなりました。私はこういった信念がとても大事だと考えています。義父の小林嶺造がたびたび「為せば成る、為さねば成らぬ何事も、成らぬは人の為さぬなりけり」と言っていましたが、まさにその通りです。

……そのような強い思いと一人稽古を経た直後の決勝戦でした。私は初太刀から突きを狙っていましたが、思惑通り、戸田選手に突きを決めて一本勝ちを収めました。また、優勝戦を無欲で臨んだことも技の決定につながったのではないかと省みています。数多くの試合の中でもとくに胸に焼きついている一戦です。

優勝した夜は、嬉しさと安心感で就寝しましたが、翌朝の新聞に目を通して、私の優勝が一斉に報じられていたことに驚き、世界大会の規模を改めて知りました。また、諸外国の剣道に対する意欲や礼儀作法を目の当たりにして、新鮮な刺激も受けました。

続く第二回世界剣道選手権大会は、昭和四十八年にアメリカで開催されました。このときは主将として団体戦の大将を務め、優勝しました。

高校時代に憧れた伊保清次先生は、その折コーチをされ、折しも同年、警察大学校へ入校したときの教授でもありました。伊保先生には自宅にも招待していただき、剣道を通して多くのことを教えられました。

その後、昭和五十七年の全剣連創立三十周年記念大会に選抜されたり、平成六年と平成八年の明治村剣道大会では優勝することもできました。大きな大会に出場できたり試合に勝てたのは、幸運なのかもしれませんが、私は、地道な稽古を積んできた成果であったと考えています。

魚釣りで集中力を養い松茸狩りで目付を学ぶ

寸暇を惜しんで稽古を続ける生活において、私の一番の息抜きとなってきたのは、自然の中に身を置くことでしょう。田舎に生まれ育ったせいかもしれませんが、山川草木に触れると、心がなごみ、元気がよみがえってくるような気がします。

とりわけ、幼い頃から大好きだった魚釣りには、静と動が備わっているようで、面白いことに剣道と似た要素も感じられて、ハッとすることがあります。たびたび奈良の吉野川や十津川、岡山の朝日川などの山深い渓流に出かけるのですが、そういった場所に棲む魚の動きは早く、釣りあげるタイミングを一瞬でも逃したらいけません。魚の動きを察知するために精神を傾けて集中し、勘をはたらかせたりすることは、稽古にも通じるのではないかと思うのです。

とくに冬の寒バヤ釣りでは、魚の反応を感じた瞬間に手首をさっと返して引くのですが、「この攻め口は理に適っているのだろうか」などと、剣道と結びつけて考えてみたりするのも、楽しみの一つです。

また、松茸採りの醍醐味は、隠れている茸を探し当てることにあり、ここでも直感が成果を左右しているような気がします。松茸の在処は親父さえ容易に教えてくれませんでした。私は松茸を探すときは、朝まだ暗いうちに家を出て山へ向かいました。ようやく朝陽が雑木林の中を射る頃になると、だんだん目も慣れてきます。なるべく無駄歩きをしないで、感覚を澄ませて観察しながら、丁寧に下草や土を押さえていくと、不思議と茸が見出せそうな気配が感じられ、その思いにまかせていくと、松茸が目に入る……。

剣道にもこれと同じような知覚の錬磨と、鋭い洞察力が要るのではないでしょうか。幼い頃から自然に親しんだ、あるいは格闘した体験において、五感を頼った記憶が、何やら剣道に活かされている、そう思えるときがあるのです。

やればわかるやればできる稽古の虫となってほんまもんをめざせ

剣道を続けてきて一番良かったと思うのは、著名な先生方と竹刀を交えられたということです。高校時代に表江先生の話に幾度も登場し、そのたびに興奮を覚えた先生方と稽古ができたときの嬉しさは、言葉では表せないほどで、私にとって大きな励みになりました。そして、今は貴重な思い出です。

なかでも特練時代の遠征で、中倉清先生にお願いしたときは鼓

十津川にてハヤ釣り（昭和48年頃）

膜が破れて大変でしたが、印象の深いものとなりました。また、福岡の谷口安則先生は稽古の激しさを聞いていたので、どうしても一度かかりたいという望みがあったのですが、それも実現しました。

そのような剣道に賭けた先生方が集まる京都大会では、修錬による清らかな立ち姿を見ることができ、風格や気位から、いかに長年、真剣に稽古を重ねることが大事であるのかを学ぶように思います。

私は井上正孝先生が大阪の修道館で講話された「三無の剣」にひかれます。三無の剣とは、無理なく、無駄なく、無法なく、という鏡新明智流・桃井春蔵の教えのことです。

構えにも打突にも心の持ち方にも無理がなくなれば、乱れもなく、自然の理にしたがった正しい剣。打ち、力、声に無駄がなく、醜を脱した清らかな剣は、廉恥の剣。そして、法を守り、相手を尊重して不快な思いをさせない謙譲の剣は、礼法の剣というのです。日常の稽古において三無の条件を備えるならば、剣の理法に適うというこの教えの底には、〝触れば切れる〟という真剣味が生きています。

大阪府警の特練生時代の先生方から〝やればわかる〟と教えられました。言葉ではなく、自分で納得のいくまでやり抜くには、やはり、不断の稽古しかないのです。

剣道の修錬をしている今の若い人たちには、「やり抜くこと」「自分から求めてやること」「やるだけのことはやってみること」

清風高校の朝稽古にて（平成17年10月撮影）。前列左から４人目より松田勇人、下村清、賀来俊彦、西善延、小林三留、中寛和の各氏

「自分を試すこと」「人と同じことをやっていても同じであること」を伝えたいと思います。私自身、高校時代に「夢をもって努力し続けたことで、願いがかなった」体験があります。「剣道の虫」「稽古の虫」になって、ほんまもんをめざしてほしいのです。

顧みると、幼年期は野山を駆けまわって遊んだことで、少年期は稽古と百姓仕事から私の体力的な基盤ができました。そこで、その時期に鍛えられていたからこそ、大阪での厳しい稽古についていくことができたと思います。精神的には祖父譲りの性格が幸いしたといえるかもしれません。応じ技で勝った記憶はあまりないことからも、おそらく私の性格も攻撃一辺倒で、「攻撃は最大の防御」という言葉通り、こちらから仕掛けていくタイプだと自認しています。

私は〝気の剣道〟がすべてだと思っているので、気が個々の剣風や気位を表出する。つまり、いかに真剣味をもって稽古をやるかが一番大事なところではないかと考えています。稽古がいいと言われたり、相手が反応するということは、相手に攻めが効いているということではないでしょうか。気剣体一致による打突は、打ち切った技が出ます。応じ技は稽古を積んでいると、瞬間的に体が反応するものだと考えています。ですから、「攻めて打つ」というのが私流なのです。

これからも元気なあいだは相手が誰であろうと、真剣味のある稽古に徹したいと思っています。専門家の道を歩んでいるので、剣道を楽しむということからは少し離れるかもしれませんが、逸してはならないところだと考えています。

現在も健康に気をつけて、週三回、清風高校の朝稽古に通いながら、さまざまなところへ出向いています。私に子どももできて、育児の大変な時期に休日も稽古へ出かけたことは、少なからず家庭も犠牲にしてきたように思います。しかし、義父も剣道家で妻もその娘でしたから、理解され、協力してもらったことに感謝しています。

今日まで剣道中心の人生を過ごしてきましたが、師に恵まれ、剣道に賭けた日々は結果として報われたと思っています。

昇段審査について

体さばきが無理なく自然にできているか

私の場合、有効打突の条件を満たしているかどうかを第一に見ます。すなわち「充実した気勢」とか「適正な姿勢」「刃筋正しく」「残心あるもの」という諸条件を満たして、はじめて審査の対象となることを心得てほしいと思います。ずばり、いいところを打ったかどうか。手の内の冴えがあって、技の強さとか、体さばきなどが無理なく自然にできているかを注目しています。

それから普段の稽古で練られているか。ここのところは言葉では表現しづらいところなのですが、よく稽古を積んでいる人というのは、体さばき、足さばき、あるいは手の内、技の冴えなどが見てとれます。それにはやはり、うわての先生に求めて懸かる稽古が必要です。

私の場合、身近に西善延先生という大きな目標が存在します。西先生は八十六歳を超えた今も、ほとんど毎日稽古をされています。これは大いに見習いたいところです。私が稽古をお願いすると「おさまっていない」と一言。このピシャリといってくださるところがありがたいです。

西先生は「熟した柿がヘタから離れるまで待っておれというだろう。あんたらは熟していても柿を下からたたいてまわっておる」と。動じずに待て、その機会がくるまで待っておれ、という教えです。西先生はズバズバいわれるから怖いですけれど、そういう間柄で私はしあわせ者だと思います。

それから審査本番ではあまり考えすぎないことです。これには集中力、いかに三昧になりきるか。これも平素の稽古にかかってくると思います。本番でいきなりそこを意識するから、肩に力が入ったり、自分の剣道ができなくなる。二分間の中でいかに決めるかは、無心でやることです。

私は四十八歳のとき、八段を受審しました。のどがカラカラになってつばも出ないようになる、それくらい緊張しました。だから相手がどうとか考えるひまなんて私にはなかったと思います。死に物狂いという表現が適当かどうか、火の玉みたいになっていました。それくらいの集中力で審査に臨んでほしいと思うし、同時に一本一本を打ち切った剣道を心がけてほしいと思います。

左手がおさまっているか
左足指のつけ根に腰が乗っているか

剣道は、剣の理法の修錬ですから、理法とは何ぞや、というところから修行をやり直さないといけないと思います。

小川忠太郎先生は「左手、左足がもとになる」といわれています。最近の審査を見ていて感じるのは、この左手がおさまっていない人が多い。肝心要の竹刀の持ち方を、もう一度、研究してみてはいかがでしょうか。

次に左足です。左足は踏み切りの一番大事な足です。とくに親指のつけ根が動作のもとになってくるので、非常に大事になってきます。私はここを遊ばせないように、常に腰を乗せるようなつもりで意識を置いています。

昔の先生は技前を見るのに「足を見ろ」といわれています。剣道がいい人は足さばきがいい。腰がしっかり乗っています。膝の使い方をもっと工夫してほしいと思います。

構えたとき、重心は両足均等にかけ、偏りがあってはいけません。常にまっすぐ、目線も一定であること。腰から移動することが大事です。湯野正憲先生は、剣道の足さばきを勉強するのに、ダンスから学んだということをうかがったことがあります。

手の冴え、これは昔でいえば免許皆伝の一番大事なところです。これができたら合格、冴えた技につながる。できなければ冴えた技にならない。「大強速軽」という教えがありますが、四番目の軽妙のところは、手の内のことであり、最終的にはここにかえれ、ということです。

手の内というのもなかなかむずかしい。人差し指と親指の股、これが柄の縫い目に添うようにやわらかく握っているか。右手で強く握りしめると、弦が曲がって、これでは刃筋が立たないので有効打突にはなりません。打った瞬間、締める、緩める。打った後、締めっぱなしでは冴えた技につながらない。いわゆる剣先が走るという手の内を修得するには左手の小指の使い方が重要になってきます。ゴムまりみたいな反動で、締めた後、必ず緩めることで、強くて冴えのある打ちにつながると思います。このあたりの手の内のやわらかさとか締め具合とか、この加減は自得するしかないでしょう。

冴えた技は、審査員の胸に響きます。試合では大技あり小技ありでいいけれども、八段審査でとくに求められるのは、この冴えではないかと思います。

素直な心で稽古を続けてきたか

受審資格ができてから本気になる人がいますが、それでは遅いです。日頃から研究して、ひまさえあれば稽古に出向く。こういう求める姿勢を持っている人は、審査に通る通らないにかかわらず、すごいなあと感心します。

現在、私は清風高校の朝稽古に参加しています。この道場には西先生に稽古をつけていただこうという熱心な人が東京や京都、鳥取からも見えられます。八段に挑戦する人は、それくらいの気構えがほしいと思いますね。

そして、稽古を終えた後のちょっとした会話の中にもヒントが隠されているのです。宝物は身近にあり、です。

言い古された言葉ですが、やはり「基本にかえる」ということが上達の近道だと思います。大阪の石田健一君などもＮＨＫのドキュメンタリー番組『心で闘う一二〇秒』で反響がありましたように、彼の場合、徹底して基本からやり直した結果、合格につながりました。

剣道は年齢を重ねても向上する可能性があります。年をとったらクセや欠点は直りにくいものなので、素直さが大事です。子どもは素直さがあるから、いわれたらちゃんと直ります。

いくつになっても素直な心を忘れず、剣道の大道を歩んでいきたいものです。

本書に収録した記事はいずれも雑誌『剣道時代』に掲載されたものです。

初出一覧

乗る極意を支える左足　『剣道時代』二〇一六年二月号
左足のさばきで間合を制する　『剣道時代』二〇〇五年七月号
緩急の攻めで中心を取って一本を打つ　『剣道時代』二〇〇六年十二月号
実戦小手迫力の十技。鍔を割って小手を打つ　『剣道時代』二〇〇七年五月号
剣道は左手・左腰・左足である　『剣道時代』二〇〇七年八月号
勝負を制するのは左足だ　『剣道時代』二〇〇九年九月号
実の一本の連続で小手・面を決める　『剣道時代』二〇一〇年七月号
隙を打って勝つ。一方通行の剣道を卒業すること　『剣道時代』二〇一一年二月号
よそでは聞けない冴えのある打ち方　『剣道時代』二〇一二年五月号
剣道自分史　『剣道時代』二〇〇八年三月号・四月号
昇段審査について　『剣道時代』二〇〇四年六月号

[著者略歴]
小林三留
こばやし・みつる／昭和12年岡山県生まれ。鏡野高卒業後、大阪府警察に奉職する。世界大会団体・個人優勝、全日本選手権大会3位、全国警察官大会団体優勝8回・個人優勝、全日本都道府県対抗大会優勝3回、国体優勝2回、明治村剣道大会優勝2回など。剣道範士八段。

剣道《けんどう》の極意《ごくい》と左足《ひだりあし》

平成29年4月29日　第1版第1刷発行
著　　者——小林三留
発 行 者——橋本雄一
組　　版——株式会社石山組版所
撮　　影——徳江正之、西口邦彦
撮影協力——小西正之
編　　集——株式会社小林事務所
発 行 所——株式会社体育とスポーツ出版社
〒101-0054　東京都千代田区神田錦町1-13 宝栄錦町ビル3F
TEL 03-3291-0911
FAX 03-3293-7750
http://www.taiiku-sports.co.jp
印 刷 所——三美印刷株式会社
検印省略

ISBN978-4-88458-410-8　C3075　Printed in Japan